Peter Vent

Spielsucht als Affektregulation

Mit einem Vorwort von
Léon Wurmser

Klett-Cotta

Klett-Cotta

Printed in Germany
Schutzumschlag: heffedesign, Rodgau
Gesetzt in der 10 Punkt Concorde
Auf säure- und holzfreiem Werkdruckpapier
gedruckt und gebunden von
Freiburger Graphische Betriebe, Freiburg i. Br.
Einbandstoff: Garant-Leinen

Die Deutsche Bibliothek – CIP-Einheitstitelaufnahme
Vent, Peter :
Spielsucht als Affektregulation / Peter Vent.
Mit einem Vorw. von Léon Wurmser. –
Stuttgart: Klett-Cotta, 1999
ISBN 3-608-94175-4

Für Johannes

Inhalt

Dank 9

Vorwort 11

1. Einleitung 14

2. Phänomenologie des pathologischen Glücksspiels .. 19

2.1 Geschichte und aktuelle Formen des Glücksspiels .. 19
2.2 Verbreitung und Symptomatik des pathologischen Glücksspiels 22
2.3 Zur Frage der »Spielerpersönlichkeit« 25
2.4 Sucht oder Neurose? Ein Definitionsversuch 32

3. Zur Psychodynamik und Differentialdiagnose der Spielsucht 40

3.1 Der süchtige Spieler – ein Prototyp der narzißtischen Persönlichkeitsstörung? 40
3.2 Die Rolle der frühen Objektbeziehungen und der Affekte bei der Genese schwerer Neurosen 59
3.3 Das pathologische Glücksspiel als (mißglückter) Versuch der Affektregulation 77
3.4 Eine zweidimensionale differentialdiagnostische Vorgehensweise 89

4. Fallbeispiele 100

4.1 Herr M. 100
4.1.1 Einführende Fallbeschreibung 100
4.1.2 Psychodynamische Interpretation 103
4.2 Herr K. 110
4.2.1 Einführende Fallbeschreibung 110
4.2.2 Psychodynamische Interpretation 114
4.3 Herr B. 124
4.3.1 Einführende Fallbeschreibung 124
4.3.2 Psychodynamische Interpretation 128

4.4 Kurze vergleichende Diskussion und therapeutischer Ausblick 135

5. Zusammenfassung 146

Literaturverzeichnis 152

Dank

Hiermit möchte ich all jenen Dank aussprechen, die mich bei der Realisierung dieses Buches in Wort und Tat unterstützt haben. Insbesondere gilt mein Dank den Patienten unserer Klinik, die sich mit der Veröffentlichung ihrer anonymisierten Fallgeschichten einverstanden erklärt haben (die Klinik bleibt aus Gründen des Datenschutzes unerwähnt, ist dem Verlag jedoch bekannt). Auch meinen Kolleginnen und Kollegen danke ich für ihre Unterstützung, sowie meinem Chefarzt für seine Zustimmung zur Veröffentlichung des kasuistischen Materials. Nicht unerwähnt bleiben sollen die Mutter meines Sohnes, Frau Inge Grimmer, die sich bei Termindruck stets kooperativ und flexibel zeigte, sowie Michel Thielemann, der mir in EDV-Fragen selbstlos und unermüdlich Beistand leistete.

Vorwort

Peter Vent hat das große Verdienst, eine im psychoanalytischen Bereich weitgehend vernachlässigte Form der Psychopathologie gründlich, von mehreren Gesichtspunkten aus und mit einer ausgezeichneten Analyse der Fachliteratur untersucht zu haben. Seine Arbeit ist aber vor allem eine sehr schöne Darstellung der Psychodynamik dieser schwer zu behandelnden Patientengruppe.

Er stellt dies in einer Synthese dar, die zusätzlich zu den tiefenpsychologischen auch soziologische, historische, familiendynamische und differentialdiagnostische Perspektiven mitberücksichtigt, und vereinigt diese theoretische Synthese mit Fallstudien aus eigener Erfahrung zu einer umfassenderen Sicht. Daß es sich bei der Spielsucht um mehrere, psychodynamisch begründbare, wenngleich eher unscharf abgrenzbare Bilder handelt, ist eine besonders hilfreiche und therapeutisch sehr relevante Einsicht dieses Buches.

Daß indes die narzißtische Pathologie dabei zentral wichtig ist, kann kaum bezweifelt werden. Wie aber diese selbst sich ihrerseits auf tiefere Affektstörungen zurückführen läßt, zeigt der Autor in seinen Ausführungen sehr eindrücklich und überzeugt den Leser besonders auch davon, wie klinisch wertvoll dieser Zugang sein kann. Meiner eigenen Erfahrung beim neurotischen Wiederholungszwang, die ich mehrfach dargestellt habe, entspricht Vents Sichtweise sehr gut. Ich habe sie jüngst folgendermaßen kurz zusammengefaßt:

> Bleiben wir im Psychologischen, so können wir ohne große Verallgemeinerungen und theoretische Voraussetzungen feststellen, daß der Wiederholungszwang die Lösung von Konflikten bezweckt, die weitgehend unbewußt und deswegen nicht lösbar sind; da der Versuch scheitert, muß er immer wieder erneuert werden. Und zwar erscheint er in Sequenzen verschiedener Lösungsversuche, die alle mißlingen und doch immer wiederholt werden müssen, da ihr eigentliches Ziel, die Beseitigung des ursprünglichen Konfliktes und der mit diesem verbundenen Traumata, unmöglich zu erreichen ist; was diese eigentlich sind, ist unbekannt; ihre Natur ist vom Bewußtsein ausgeschlossen.

Chronisch ungelöste Konflikte widersprechen dem Bedürfnis nach innerer Einheit, also dem synthetischen Bestreben des Ich. Die Wiederholung dient der Überwindung der *inneren* Konflikte, um die Synthese der eigenen Innenwelt zu befördern; sie mag aber auch der Behebung der Konflikte mit der *Außenwelt* dienen, um die eigene Reintegration in die Gemeinschaft zu erleichtern. Doch muß dieser Versuch einer Serie von Kompromißlösungen mißlingen, da die Zusammenhänge zerrissen und in *dieser* Form nicht wieder anzuknüpfen sind.

Warum sind die Zusammenhänge zerrissen? Warum gibt es Abwehr? Ich glaube, daß die Antwort in der *absoluten, überwältigenden*, mithin *traumatischen* Natur dessen liegt, was zuerst von außen und später von innen her der Bearbeitung und Beantwortung bedarf – ob diese Traumata nun äußere Verurteilungen und Brutalität oder völliges Verkennen oder Überstimulierung seien – eben Seelenblindheit und Seelenmord –, oder ob die Globalität und Totalität in den eigenen Reaktionen auf diese Gefahren und Schädigungen liegen. Die Abwehr auf das Trauma oder auf die chronisch traumatische Umwelt ist ebenso radikal wie die Traumatisierung selbst. Das Resultat ist eine Unfähigkeit des Ich, diese Affekte symbolisch zu integrieren.

So scheint der Wiederholungszwang ganz hervorragend nicht nur der Konfliktbewältigung, sondern auch der *Affektbewältigung* und *-regulierung* zu dienen. Je massiver die Affektpolaritäten sind und je höher die damit einhergehenden Affektspannungen, um so stärker die Notwendigkeit, immer wieder durch Versöhnung des Unversöhnlichen eine Regulation zu finden und damit die innere Einheit wieder herzustellen. Da aber das *Ziel* der möglichen Lösung außerhalb des Bereiches der Wortvorstellungen und damit der symbolischen Prozesse überhaupt liegt, erweist sich der Lösungsversuch durch die Wiederholung immer wieder als unmöglich, solange die Polaritäten nicht selbst den symbolischen Prozessen zugänglich gemacht werden.

Der Wiederholungszwang ist demnach ein Versuch, auf symbolische Weise eine Regulation und Konfliktlösung zu erzielen, die deswegen unmöglich ist, da die Affekte und die von diesen bestimmten oder mit ihnen eng verbundenen Triebbedürfnisse, Abwehrformen und Überich-Forderungen unvereinbar und global sind und da deshalb denn auch die ständigen Bemühungen, sie in Symbolen auszudrücken, scheitern müssen. Narzißtische Krisen, Loyalitätskonflikte und Scham-Schuld-Dilemmata sind bei der Auslösung dieser Kreisabläufe besonders wichtig.

> Trotz der Unmöglichkeit der Lösung kann der Versuch nicht aufgegeben werden, denn es liegt in der Natur des Ich, innere Einheit zu erreichen, den inneren Riß zu heilen, die innere Widersprüchlichkeit, die Doppelheit von Selbst und Welt aufzuheben. Dieses Bedürfnis zur Synthese, das heißt zur psychischen Selbstbehauptung oder, im Ausdruck von Gedö, der Bewahrung der Selbstorganisation ist so überaus wichtig, daß es in Intensität und durchdringender Macht einem Trieb gleichkommt.

Daraus ist eben die auch von Peter Vent so betonte Kausalbedeutung der globalen Affekte klar ersichtlich.

Dieses Werk stellt einen sehr wertvollen Beitrag zur Suchtanalyse und, allgemeiner, zur Untersuchung der schweren Neurosen und damit der Natur des neurotischen Wiederholungszwanges überhaupt dar. Gerade im Hinblick auf das gegenwärtig beobachtbare Ansteigen von Fällen, die sich der modernen Elektronik zur Spielmanie bedienen, nämlich als Börsenspielen (»playing the stockmarket«) im Internet, ist es auch ein hochaktuelles Buch.

Towson, den 13. Dezember 1997
Léon Wurmser

1. Einleitung

Seit Beginn der achtziger Jahre hat der Begriff der »Neuen Süchte« in den Medien, der populärwissenschaftlichen Literatur und in wissenschaftlichen Publikationen Einzug gehalten. Zeitungsschlagzeilen wie »Fitneßtraining wird zur Sucht« (*Weser-Kurier*, 1994, S. 10) oder »Videogames – Besser als Fernsehen. Schon Millionen Deutsche süchtig. Auch Sie sind bald dran!« (*Focus*, 1993, Titelblatt) legen eine starke Ähnlichkeit zwischen exzessiv betriebenen Verhaltensweisen und den »klassischen« Süchten wie Alkoholismus und Drogenabhängigkeit nahe. Robin Norwood (1988) berichtet in ihrem Bestseller *Wenn Frauen zu sehr lieben* von der »heimlichen Sucht, gebraucht zu werden« (Titelseite), Marylin Machlowitz (1976) warnt vor *Workaholism* (Titel), und Winn (1979) ortet das Fernsehen als *Die Droge im Wohnzimmer* (Titel). *Der Spiegel* (1996, S. 54) meldete jüngst: »Gefahr aus dem Netz« und machte die ersten »Internet-Süchtigen« aus. Anne Wilson Schaef (1989) wähnt uns gar sowieso schon *Im Zeitalter der Sucht* (Titel).

In der wissenschaftlichen Literatur entzündete sich der »Neue-Süchte«-Diskurs darauf hin an der Frage, ob das Suchtkrankheitsmodell der stoffgebundenen Abhängigkeiten auf diese sogenannten »Tätigkeitssüchte« anwendbar ist. Angeregt durch Gerhard Meyers Dissertation zum pathologischen Automatenglücksspiel (1984a), konzentrierte sich diese Debatte dabei vorerst auf die sogenannte »Spielsucht«. Das Für und Wider des Suchtmodells wird inzwischen jedoch auch bei den Eßstörungen (Adipositas, Anorexia nervosa und Bulimia nervosa) kontrovers diskutiert (siehe Battegay, 1987; Habermas & Müller, 1986; Krebs, 1993; Franke, 1994; Franke & Brunner, 1997). Mentzel (1979) und Gross (1990) schlagen darüber hinaus vor, bestimmte Formen der exzessiven Arbeitswut unter den Suchtbegriff zu subsumieren und für diese Fälle von »Arbeitssucht« das Phasenverlaufsschema der Suchtkrankheit nach Jellinek (1960) anzuwenden.

Der Soziologe Raphael Gaßmann (1994, S. 282) erklärt die anhaltende Diskussion der »Neuen Süchte« in der Fachliteratur sowie die deutlich gestiegene Akzeptanz gegenüber wohlwollend-stigmatisierenden Suchtetikettierungen in der Öffentlichkeit durch einen gesellschaftlichen Wertewechsel in Bezug auf Abhängigkeitsverhalten:

> Ein in dieser Hinsicht bemerkenswertes Phänomen sind die Verschiebungen vom Wirkungsbereich der Massendrogen Alkohol und Nikotin hin zu den körperbezogenen sogenannten »Neuen Süchten« Magersucht und Bulimie sowie der »Spielsucht«. Während die gesellschaftliche Toleranz gegenüber den beiden »Suchtklassikern« ständig schwindet, erleben die Stoffungebundenen eine Hochkonjunktur, deren Ende nicht abzusehen ist. Veränderte Normen, die zu einer aktuellen Betonung bisweilen sehr zweifelhaften Körper- und Gesundheitsbewußtseins führten, zudem Insignien von Wohlstand und Genuß nicht mehr quantitativ, sondern qualitativ messen, führten in den vergangenen Jahren zur abnehmenden Duldung gegenüber dem Konsum der beiden Gifte.

Die hohe Sozialverträglichkeit der »Neuen Süchte« bis in das jeweilige Endstadium hinein trage darüber hinaus dem zur Zeit immensen gesellschaftlichen Konformitätsdruck in bezug auf individuelle Leistungsfähigkeit, Anpassungsbereitschaft und soziale Mobilität Rechnung (vgl. ebenda).

Kritiker der »Neuen Süchte« bezweifeln dagegen schlichtweg ihre Existenz und halten sie für ein von den Medien und den berufsständischen Gruppen ins Leben gerufenes Artefakt. Floßdorf (1989, S. 38) zum Beispiel geht dabei so weit, den Fürsprechern der Tätigkeitssüchte arbeitsmarktpolitische Interessen zu unterstellen. Die »Neuen Süchte« würden einen vermehrten Therapiebedarf und damit einen neuen Arbeitsmarkt für Psychologen und andere helfende Berufe schaffen. Thamm (1980, S. 16-21) hält die »Neue-Süchte«-Diskussion zudem für ein durch die Suchtverbände inszeniertes Ausweichmanöver vor der stagnierenden Situation im »traditionellen« Suchtbereich (Drogen, Alkohol, Medikamente).

Dieser Radikalkritik möchte ich folgendes entgegenhalten:

Wie es vielen im Suchtbereich tätigen Klinikern geläufig ist und wie ich im zweiten Kapitel dieser Arbeit am Beispiel der Spielsucht näher belegen werde, stellen die »Neuen Süchte« zur Zeit ein gesellschaftliches Faktum dar. Der starke Zuwachs der mit dieser Problematik beschäftigten Selbsthilfegruppen (zum pathologischen Glücksspiel vgl. Meyer, 1997, S. 99) zeigt dabei deutlich, daß seitens der Betroffenen ein realer, von professioneller Einflußnahme relativ unabhängiger Leidensdruck vorhanden ist. Dieser sollte, meiner Ansicht nach, nicht durch eine am normierten Krankheitskatalog der Schulmedizin festhaltende Argumentation »zerredet« werden. Vielmehr sollte dem hier entstandenen Therapiebedarf durch die Entwicklung und Validierung geeigneter therapeutischer Interventionsstrategien »offensiv« begegnet werden.

Von professioneller therapeutischer Seite aus werden daher zunehmend – insbesondere für die »Klassiker« der »Neuen Süchte«, das pathologische Glücksspiel und die Bulimia nervosa – differenzierte diagnostische Einordnungen der Klienten und hierauf aufbauende, differentielle Therapieindikationen eingefordert (vgl. Schürgers & Haustein, 1988, S. 183; Kröber, 1996, S. 399-409; Habermas & Müller, 1986, S. 327-329, und Schulte & Böhme-Bloem, 1991, S. 132 f.). So stellen Schürgers & Haustein (ebenda, S. 194) in bezug auf das exzessive Spielverhalten an Geldspielautomaten fest, daß die alleinige Betrachtung phänomenologischer Aspekte (wie zum Beispiel die Dauer und Häufigkeit des Spieles und die Höhe der Spielbeträge) zu einer vorschnellen und pauschalen Suchtdiagnose und gegebenenfalls zur Einleitung wenig wirksamer therapeutischer Maßnahmen verleiten kann:

> Wichtig ist, die zugrundeliegende Problematik bzw. Störung genauer zu differenzieren sowie die individuelle Funktion des Spiels und seine Bedeutung für den Betroffenen herauszuarbeiten. Hiervon ausgehend muß individuell die Frage der weiteren Therapie entschieden werden, wobei unsere Erfahrung zeigt, daß die Anwendung verschiedenster psychotherapeutischer Verfahren sinnvoll sein kann.

Bei der hier eingeforderten Erforschung der psychischen Hintergründe stoffungebundener Abhängigkeiten hat die Psychoanalyse, im Vergleich zu anderen maßgeblichen psychologischen Theorien, mit Abstand die längste Tradition: Schon zu Beginn dieses Jahrhunderts konzentrierten sich psychoanalytische Autoren auf der Basis der damals vorherrschenden theoretischen Modelle und zumeist bezogen auf das pathologische Glücksspiel auf die den »Tätigkeitssüchten« zugrunde liegende Psychodynamik (vgl. v. Hattingberg, 1914; Simmel, 1920; Freud, 1928).[1] Fenichel (1945/1975, S. 246-271) ordnete dann in seiner *Psychoanalytischen Neurosenlehre* sowohl die »Spielleidenschaft« als auch andere »rauschmittellose Süchte« (»Freßsucht«, »Liebessucht«) zusammen mit den stoffgebundenen Abhängigkeiten den Impulsneurosen zu. Diese verstand er in einem psychodynamischen Sinne als unbewußte Abwehr einer innerpsychischen Gefahr: »Alle Süchte (gleich ob mit oder ohne Rauschmittel) sind ebenso wie sämtliche krankhafte Triebstrebungen erfolglose Versuche, aktiv mit Schuld, Depressionen oder Angst fertigzuwerden« (ebenda, S. 267).

Die erkenntnisleitende Fragestellung dieses Buches ist in diesem Zusammenhang, inwiefern neuere theoretische Ansätze der Psychoanalyse, insbesondere die objektbeziehungstheoretisch ausgerichtete Ich-Psychologie, zu einer fundierten, an unbewußten seelischen Prozessen ausgerichteten Differentialdiagnostik der »Neuen Süchte« beitragen können. Zur Klärung dieser Frage werde ich mich auf Grund eigener klinischer Erfahrungen (und damit gewissermaßen der psychoanalytischen Tradition folgend) auf das Syndrom der Spielsucht beschränken. Ich werde folgendermaßen vorgehen:

Im zweiten Kapitel erfolgt eine kurze Einführung in die Phänomenologie des pathologischen Glücksspiels. Neben sozialökonomischen und geschichtlichen Aspekten umfaßt sie eine an das amerikanische psychiatrische Klassifikationssystem DSM-III-R (deutsch: Wittchen et al. 1991) angelehnte Beschreibung der Symptomatik dieses Krankheitsbildes. Weiterhin werde ich in

1 Die noch junge Psychoanalyse hob sich damit deutlich von dem therapeutischen Nihilismus der damaligen Psychiatrie ab. Petry (1996, S. 37 f.) zitiert in diesem Zusammenhang einen Psychiater Fischer aus dem Jahre 1905 mit seiner Schrift »Spielsucht und ihr Verhältnis zu Trunksucht und Morphiumsucht«. Darin beschreibt dieser das schon damals bekannte pathologische Glücksspiel als »ethischen Schwachsinn«. Die Spielsucht sei »unheilbar«, die Therapie »machtlos« und die Prognose »ungünstig«. Zum Schutz der Allgemeinheit seien die Entmündigung und Unterbringung des Spielers in einer geschlossenen Anstalt indiziert.

diesem Kapitel den aktuellen Forschungsstand bezüglich »typischer« psychischer und psychopathologischer Merkmale der pathologischen Spieler anhand von zeitgenössischen empirischen Studien des deutschen Sprachraums referieren. Zum Abschluß des zweiten Kapitels werde ich die in der Fachliteratur heftig diskutierte und für eine differentielle Diagnostik/Therapie des pathologischen Glücksspiels nicht unerhebliche Frage nach der Anwendbarkeit des sogenannten »Suchtmodells« auf dieses Syndrom erörtern. Mit einer Erläuterung des spezifischen Suchtverständnisses der Psychoanalyse leite ich dann anschließend zum dritten Kapitel, dem theoretischen Kernstück dieser Arbeit, über.

Im dritten Kapitel werde ich, nach einer gestrafften Übersicht über die bisherigen psychoanalytischen Erklärungsversuche der Spielsucht, ein eigenes, an neueren psychoanalytischen Theorieansätzen orientiertes psychodynamisches Modell des pathologischen Glücksspiels entwickeln. Als theoretische Grundlage wird dabei eine Synthese aus Wurmsers (1983, 1987) affektdynamischen Suchtverständnis und der objektbeziehungstheoretisch ausgerichteten Ich-Psychologie nach Kernberg (1981, 1988, 1990) dienen. Das aus diesen beiden Ansätzen hervorgehende psychodynamisch-differentielle Modell der Spielsucht versteht sich explizit als epigenetisch und entwicklungspsychologisch fundiert und wird daher auch die wichtigsten Ergebnisse der neueren, psychoanalytisch orientierten Säuglings- und Emotionsforschung (Stern, 1992; Lichtenberg, 1991; Krause, 1983) berücksichtigen. Beenden werde ich das dritte Kapitel mit der Vorstellung einer an der »psychoanalytisch-interaktionellen Methode« (Heigl-Evers & Ott, 1994) orientierten differentialdiagnostischen Vorgehensweise, die eine konkrete klinische Umsetzung des von mir herausgearbeiteten psychoanalytischen Spielsuchtmodells ermöglicht.

Im vierten Kapitel werde ich diesen psychoanalytisch-differentialdiagnostischen Ansatz auf drei Fälle pathologischen Glücksspiels aus meiner klinisch-praktischen Tätigkeit anwenden. Die sich aus der Differenzierung der psychischen Grundstörungen der von mir vorgestellten Spieler heraus ergebende Frage nach einer differentiellen Therapieindikation wird von mir dabei abschließend in knapper Form diskutiert.

2. Phänomenologie des pathologischen Glücksspiels

2.1 Geschichte und aktuelle Formen des Glücksspiels

Nach Meyer & Bachmann (1993, S. 5) ist es das *Zufallsprinzip*, welches das Glücksspiel von den anderen Arten des Spielens, zum Beispiel Geschicklichkeitsspielen oder vorahmend-nachahmenden Spielen, eindeutig unterscheidet. Zudem bedarf es beim Glücksspiel »eines *äußeren Anreizes* in Form eines ausgesetzten Gewinnes sowie eines *Einsatzes*, der mit *Gewinnerwartung* und *Verlustrisiko* verbunden ist (Hervorhebungen im Original)« (ebenda). Die geschichtlichen Wurzeln des Glücksspiels reichen bis zu den Anfängen der menschlichen Kultur zurück (vgl. Greenberg & Schmidt, 1990, S. 418, und Gmür, 1988, S. 77).

> Der Großteil der Wissenschaftler vermutet seinen [des Glücksspiels - der Verf.] Ursprung in der Religion. Es diente als göttliches Entscheidungsinstrument in rechtlichen Streitfragen und als Weissagungsmethode zur Erforschung der Zukunft, vor allem bevorstehender Naturereignisse. Lediglich Art und Form der Spiele haben sich im Laufe der Geschichte gewandelt. (Gmür, 1988, S. 77)

War das Würfelspiel von der frühen Antike bis zum späten Mittelalter die vorherrschende Art des Glücksspiels, so wurden Ende des 14. Jahrhunderts die Kartenspiele, aus Asien und China über das maurische Spanien nach Europa kommend, immer populärer (vgl. ebenda). Nach der Einführung des Roulettespiels in Europa kam es dann vor allem im England und Frankreich des 18. und 19. Jahrhunderts zu exzessiven Auswüchsen der Spielwut. Sie wurden von einem ständigen Wechsel von Verbot und Wiedergenehmigung des Glücksspiels begleitet (vgl. ebenda, S. 78).

An der Grenze zum strafrechtlichen Delikt stand das Glücksspiel in Europa jedoch schon seit dem Ende des Mittelalters, als das aufstrebende Bürgertum allmählich nach der Macht griff. Der Widerspruch zwischen dem Glücksspiel und der protestantischen Arbeitsethik, dem psychologischen Motor des Frühkapitalismus, bestand dabei nicht so sehr in dem Umstand der Gefährdung fremden oder eigenen Vermögens. Vielmehr waren es die Möglichkeit eines Vermögenserwerbes ohne wirtschaftliche Gegenleistung und die dadurch bewirkte Förderung der Arbeitsscheu, mit der die strafrechtliche Spielbekämpfung begründet wurde (vgl. Kröber, 1985, S. 600).

Trotz puritanischer Arbeitsmoral setzte sich das Glücksspiel aber im amerikanisch-westeuropäischen Raum – wohl der außergewöhnlichen Profitmöglichkeiten wegen – als lukrativer Wirtschaftszweig durch. Unter Berufung auf einen Bericht der Commission of the European Communities von 1991 stellen Meyer & Bachmann (1993, S. 17) fest, daß der Glücksspielmarkt heutzutage unter den europäischen Wirtschaftsbranchen bereits den 13. Rang einnimmt, beispielsweise noch weit vor der Computerindustrie und dem Werft- und Schiffsbau. Meyer (1986, S. 140) verweist auf die in diesem Zusammenhang existierende Doppelmoral (nicht nur) des deutschen Staates:

> Der Gesetzgeber ist sich des sozialen und wirtschaftlichen Gefahrenpotentials der Glücksspiele durchaus bewußt. So bedarf es nach § 284 StGB einer besonderen behördlichen Erlaubnis, öffentlich ein Glücksspiel zu veranstalten. Wird jedoch der Staat zu einem Großteil an den Einnahmen beteiligt, entfallen die Bedenken, und es wird kräftig gefördert.

Die Einnahmen des Staates aus Glücksspielen (über Rennwett- und Lotteriesteuer, Gewinnablieferungen verschiedener Lotterien und Spielbankabgaben) betrugen 1996 6,828 Milliarden DM (Meyer, 1997, S. 95).

Meyer & Bachmann (1993, S. 7-13) differenzieren folgende aktuelle Formen des Glücksspiels:

- Glücksspiele in Spielbanken (Roulette, Black Jack und Glücksspielautomaten)
- Geldspielautomaten
- Pferdewetten
- Lotterien (Lotto 6 aus 49, Spiel 77, Glücksspirale etc.)
- Sonstige Glücksspiele

Neben den staatlichen Lotterien hatten die Spielbanken und die Geldspielautomaten in den letzten Jahren den größten Anteil am Gesamtumsatz der Glücksspielanbieter. So betrug der Anteil der

Geldspielautomaten an den Umsätzen des Glücksspielmarktes 1996 25,4%, der Anteil der Spielbanken 36,3% (siehe Meyer, 1997, S. 92). Innerhalb der Spielbanken wiederum sind mittlerweile die Glücksspielautomaten – die »slot machines« oder »one-armed bandits«, die im Vergleich zu den Geldspielautomaten in Spielhallen und Gaststätten wesentlich höhere Gewinne und Verluste emöglichen – die größten Umsatzträger. 1996 erwirtschafteten sie nach Meyer (1997, S. 95) bereits 56% des Gesamtertrages der Casinos.

Meyer (1986, S. 140) führt den Aufwärtstrend der Geldspielautomaten und Spielbanken zum einen auf »harte« ökonomische Interessen der öffentlichen Hand zurück:

> Die Bundesländer vergaben neue Konzessionen für Spielbanken und Automatencasinos, um die Haushaltsdefizite auszugleichen. Schutzbestimmungen wie das Residenzverbot, das ortsansässigen Spielern den Zutritt zur Spielbank verwehrte, wurden abgebaut.

Andererseits verweist Meyer (ebenda, S. 147) darauf, daß gerade die Spielautomaten, wie auch die Glücksspiele in Spielbanken und die Pferdewetten, ein deutlich erhöhtes, die Nachfrage steigerndes Sucht- und Gefährdungspotential gegenüber den übrigen Formen des Glücksspiels aufweisen. Meyer (1984b, S. 35 f.) benennt in diesem Zusammenhang bestimmte strukturelle Eigenschaften dieser Glücksspiele, die, im Sinne der Lerntheorie, für eine Steigerung der Frequenz und Dauer sowie der Höhe der Geldeinsätze verantwortlich sind:

1. Ein kurzes Auszahlungsintervall (die Zeit zwischen Einsatz und Ergebnis bzw. Gewinnauszahlung) ermöglicht eine umgehende Reintegration des Geldes in den Glücksspielkreislauf.
2. Eine hohe Ereignisfrequenz fördert ebenfalls persistentes Spielverhalten. Schon das nächste Spiel kann die Situation des Spielers total verändern. Es kann den großen Gewinn bringen und der Spieler damit aus der Verlustzone gelangen. Je schneller das nächste Spiel möglich ist, desto nachhaltiger ist die Wirkung.
3. Ein breites Spektrum an Gewinnchancen und Einsätzen gewährleistet, daß durch hohe Einsätze erlittene Verluste in einem Spiel wieder ausgeglichen oder Gewinne vervielfacht werden können.

4. Der Grad der persönlichen Beteiligung und der damit verbundene Einfluß der Geschicklichkeit oder die Suggestion, der Spieler könne das Ergebnis beeinflussen, führen dazu, daß er Verluste auf eigenes Versagen zurückführt und versucht, seine Fähigkeiten zu verbessern.
5. Das Wechseln des Geldes in kleine Einheiten (für Spielautomaten) oder die ersatzweise Verwendung von Jetons (beim Roulette) verschleiern das finanzielle Wertesystem. Die Verluste werden als geringer eingeschätzt, und es wird risikoreicher gespielt.

Die genannten Kriterien sieht Meyer (1984a, S. 25) vor allen Dingen bei den Geldspielautomaten gegeben. Insbesondere die Sonderspielserien und Risikospielsysteme, die die Automatenindustrie seit dem Anfang der achtziger Jahre bei den Glücksspielautomaten eingeführt hat (siehe Meyer, 1984a, S. 8-11), ermöglichen dem Spieler durch drastisch gestiegene Gewinn- und Verlustmöglichkeiten das Abtauchen in einen lustvoll-euphorischen Zustand. Meyer beschreibt dieses »Spieler-High« an anderer Stelle (1986, S. 145) folgendermaßen:

> Der Reiz der Ungewißheit und Unsicherheit nach dem Einsatz, das Eingehen von Risiko baut eine emotionale Spannung auf. Die innere Erregung löst sich in dem Moment, in dem die Kugel beim Roulette oder die Walzen beim Spielautomaten eingelaufen sind. Die Anspannung wird als lustvoll erlebt. Dieser Zustand läßt sich beliebig oft durch neue Einsätze herbeiführen. Das Geld ist dabei nur Mittel zum Zweck.

2.2 Verbreitung und Symptomatik des pathologischen Glücksspiels

Parallel zu den steigenden Umsätzen der Glücksspiel- und Spielautomatenbranche in den letzten Jahren steigt die Anzahl derjenigen, deren Spielintensität für sie selbst oder für ihr soziales Umfeld zu einem Problem wird (vgl. Meyer, 1986, S. 140). So ist seit dem Anfang der achtziger Jahre in der Bundesrepublik ein reges Anwachsen der am Programm der »Anonymen Alkoholiker« (AA) orientierten Selbsthilfegruppen für süchtige Spieler, wie zum Beispiel »Gamblers Anonymus« (GA) oder »Anonyme Spieler« (AS), zu verzeichnen. Eine von Meyer (1997, S. 99) vorgestellte Kontakt- und Meetingübersicht der »Anonymen Spieler« in Deutschland weist dabei auf eine Vermehrung dieser Selbsthilfegruppen von zwei im Jahre 1982 auf 101 im Jahre 1996 hin. Darüber hinaus bestehen in vielen Städten Spieler-Selbsthilfegruppen, die nicht nach dem AA-Programm vorgehen.

Im professionellen Suchthilfebereich wurden in den letzten zehn bis fünfzehn Jahren vielfältige Beratungs- und Behandlungsangebote für pathologische Glücksspieler geschaffen. Ambulante Beratungs- und Behandlungsstellen für Suchtkranke bilden dabei eine wichtige Anlaufstelle für Spielsüchtige. Aus der Jahresstatistik »EBIS« für 1994 (Simon & Lehnitzk-Keiler, 1995, S. 233) geht hervor, daß mittlerweile 12% der Suchtberatungsstellen in Westdeutschland und 17% der entsprechenden Einrichtungen in Ostdeutschland spezielle Gruppen für Spieler anbieten. Die stationäre Behandlung von Spielsüchtigen erfolgt zumeist in Sucht-Fachkliniken, zum Teil jedoch auch in psychosomatisch-psychotherapeutischen Abteilungen und in psychiatrischen Krankenhäusern (vgl. Caspari, 1993, S. 207). Anhand von fünf ausgewählten stationären Versorgungseinrichtungen belegt Meyer (1997, S. 98) auch für diesen Bereich einen kontinuierlichen Anstieg der Anzahl der behandelten Spieler im Zeitraum von 1985 bis 1996. Kellermann (1996, S. 24) stellt fest:

> Nach der Alkoholabhängigkeit und der Drogenabhängigkeit ist die Glücksspielsucht in Deutschland das dritte gravierende Suchtproblem, noch vor der Medikamentenabhängigkeit. Glücksspielabhängigkeit ist nach klinischen Erfahrungen zwar erheblich seltener als Alkoholabhängigkeit, jedoch wesentlich häufiger als beispielsweise Kokain- oder Haschischsucht.

Verläßliche Angaben zur Prävalenz des pathologischen Glücksspiels in der Bundesrepublik gibt es nach Meyer (1995, S. 196) bislang jedoch nicht:

> Vorliegende Schätzungen differieren erheblich, beziehen sich teilweise nur auf bestimmte Glücksspielformen und sind mit anderen empirischen Daten nur schwer in Einklang zu bringen. Vor dem Hintergrund der Therapienachfrage von Spieler/innen in ambulanten Suchtberatungsstellen und einem Vergleich mit der Therapienachfrage der geschätzten 2,5 Millionen Alkoholabhängigen ergibt sich – basierend auf den Daten für 1993 – eine

Gesamtzahl von rund 100 000 beratungs- und behandlungsbedürftigen Glücksspielern/-innen in Deutschland. Dies entspricht einem Anteil in der Bevölkerung von 0,12 %.

Das pathologische Glücksspiel wurde 1980 in den USA, wo es schon seit längerem ein Problem darstellt (vgl. Kellermann, 1987, S. 111), offiziell als psychische Krankheit anerkannt und von der »American Psychiatric Association« (APA) in die 3. Auflage ihres diagnostischen und statistischen Handbuches für psychische Krankheiten (DSM-III) aufgenommen (vgl. ebenda, S. 111). In dessen mittlerweile revidierter Version, dem DSM-III-R (deutsch: Wittchen et al., 1991), wird das pathologische Spielen unter den »Störungen der Impulskontrolle, die nicht andernorts klassifiziert sind« (ebenda, S. 389), aufgeführt.

Auch in dem anderen großen Klassifikationssystem psychischer Störungen, dem von der WHO herausgegebenen ICD-10 (deutsch: Dilling et al., 1991), wird das pathologische Glücksspiel unter den »abnorme[n[Gewohnheiten und Störungen der Impulskontrolle« (ebenda, S. 222) registriert. Bei der nun folgenden Beschreibung der Symptomatik und der Diagnosekriterien des pathologischen Spielens beziehe ich mich jedoch auf das wesentlich differenziertere DSM-III-R (Wittchen et al., 1991, S. 392):

> Hauptmerkmale dieser Störung sind die chronische und fortschreitende Unfähigkeit, der Versuchung zu Glücksspiel und anderem Spielverhalten zu widerstehen, wodurch persönliche, familiäre und berufliche Verpflichtungen in Frage gestellt, unterbrochen oder geschädigt werden. Die Beschäftigung mit dem Glücksspiel, der Drang dazu und das Spielen selbst nehmen bei Streß zu. Probleme, die als Folge des Glücksspiels auftreten, führen zu einer Intensivierung des Verhaltens. Typische Probleme sind: totale Verschuldung sowie Vernachlässigung von Schulden und anderen finanziellen Verpflichtungen, gestörte Familienverhältnisse, Unaufmerksamkeit bei der Arbeit und finanziell motivierte illegale Machenschaften, um Geld für das Spielen zu beschaffen.

Als diagnostisches Kriterium für »Pathologisches Spielen« nennt das DSM-III-R (ebenda, S. 393 f.) fehlangepaßtes Spielverhalten, was sich in mindestens vier der folgenden Merkmale ausdrückt:

1. Häufige Beschäftigung mit dem Glücksspiel oder damit, Geld für das Spielen zu beschaffen.

2. Häufiges Spielen um größere Geldsummen oder Spielen über einen längeren Zeitraum als beabsichtigt.
3. Das Bedürfnis, die Höhe oder die Häufigkeit der Einsätze zu steigern, um die gewünschte Erregung zu erreichen
4. Ruhelosigkeit oder Reizbarkeit, wenn nicht gespielt werden kann.
5. Wiederholte Geldverluste beim Spielen und Zurückkehren am anderen Tag, um die Geldverluste wieder wettzumachen.
6. Wiederholte Versuche, das Spielen einzuschränken oder zu beenden.
7. Häufiges Spielen, obwohl das Erfüllen sozialer oder beruflicher Pflichten vorrangig wäre.
8. Aufgeben einiger wichtiger sozialer, beruflicher oder Freizeitaktivitäten, um zu spielen.
9. Fortsetzung des Spielens trotz Unfähigkeit, die wachsenden Schulden zu zahlen, oder trotz anderer bedeutender sozialer, beruflicher oder gesetzlicher Probleme, von denen der Betroffene weiß, daß sie durch Spielen verschlimmert werden.

2.3 Zur Frage der »Spielerpersönlichkeit«

Die bisher unternommenen Versuche, Glücksspieler anhand bestimmter Persönlichkeitsmerkmale und/oder des manifesten Spielverhaltens zu unterscheiden, sind vielfältig, denn Merkmale wie besondere Spielarten, Spielfrequenz, Abhängigkeitsgrade und Äthiopathogenese ermöglichen nach Meyer & Bachmann (1993, S. 29) eine Differenzierung der Glücksspieler insgesamt wie auch der pathologischen Spieler. Die größte Gruppe der Glücksspieler stellen dabei die Gelegenheits- oder sozialen Spieler dar, die beiläufig Abwechslung, Unterhaltung und Vergnügen suchen, ohne daß es zu irgendwelchen Auffälligkeiten kommt, und die in ihrer Freizeit mit geringen Einsätzen spielen (vgl. ebenda).

Glücksspieler mit pathologischem Spielverhalten, die die zentrale Untersuchungsgruppe dieser Arbeit sind, stellen in sich keine homogene Gruppe dar. Lediglich die soziodemographischen Daten des Geschlechts und des Alters lassen bei den pathologischen Spielern verallgemeinernde Aussagen zu: Wie die beiden bislang umfangreichsten Untersuchungen an exzessiven Glücksspielern übereinstimmend belegen (vgl. Meyer, 1989, S. 55 und Denzer, Petry, Baulig & Volker, 1995, S. 283), ist das pathologische Glücksspiel überwiegend – bei beiden Untersuchungen zu ca. 95% – bei Männern anzutreffen. Ebenfalls bei beiden Studien lag der Altersschwerpunkt der untersuchten Spieler in der Kategorie vom 25. bis zum 30. Lebensjahr (vgl. Denzer et al., ebenda, S. 284) bzw. in der Gruppe der 20- bis unter 40jährigen (vgl. Meyer, ebenda, S. 55). Bei den pathologischen Spielern handelt es sich also, wie Denzer et al. (ebenda, S. 284) feststellen, um eine »im Vergleich zur Gesamtbevölkerung und zu in Beratung/Behandlung befindlichen Suchtkranken deutlich jüngere Gruppe«.[2]

Wie sowohl testpsychologische als auch klinisch-psychiatrische Untersuchungen zeigen, halten sich die Gemeinsamkeiten der pathologischen Glücksspieler bei darüber hinausgehenden, auf psychologische oder psychopathologische Eigenschaften abzielenden Daten in Grenzen. Bei testpsychologischen Untersuchungen an Spielern mit dem »Minnesota Multifasic Personality Inventory« (MMPI) zum Beispiel konnten zwar erhöhte Werte auf

2 Den sozialpsychologischen Hintergrund für den Umstand, daß die Spielsucht eine Domäne gerade junger Männer ist, scheinen geschlechtsspezifische Rollenmuster zu bilden. Rost schreibt (1990, S. 213 f.) hierzu: »Natürlich sprechen die Automaten ... Aspekte einer überkommenen männlichen Rolle an und pervertieren sie zugleich. Für nicht wenige Spieler sind die Automaten so etwas wie das ›letzte Abenteuer‹. Sie aktivieren in hohem Maße, führen zu einer großen Erwartungsspannung und zur Erregung, die als starker Reiz und Nervenkitzel, oft als eine Art von Angstlust erlebt werden. Der männliche Kampfgeist wird herausgefordert. Der Automat wird phantasiert als ein starker, äußerer Gegner, den es zu besiegen, über den es Macht zu gewinnen gilt. ... Die Frau trägt ihre Kontroll- und Machtbedürfnisse am eigenen Körper aus, zu dem der Mann meist weniger Zugang hat. Seine tradierte Rolle verlangt ihm ab, daß er stark zu sein und sich in der Außenwelt im Kampf zu bewähren hat. Jedoch: Seine männliche Rolle ist genauso anachronistisch geworden wie die Situation der Frau, die zwischen Beruf, Haushalt und ihrem vorgeblichen Idealgewicht mit dem Essen kämpft. Der Kampfplatz des Mannes ist der Automat im Spielsalon, und der Ausgang dieses Kampfes steht immer von vornherein fest: seine Niederlage.«

den Skalen »Psychopathische Abweichung« und »Depression« registriert werden, jedoch waren die Werte in allen sonstigen Skalen dieser Untersuchungen widersprüchlich (vgl. Kröber, 1985, S. 595 und Meyer & Bachmann, 1993, S. 51). Einheitliche Profile aller Spieler konnten demzufoge nicht festgestellt werden. Auch bei Merkmalen wie »Externale Kontrollattribution«[3] oder »Risikobereitschaft«, welche auf einer theoretischen Basis mit dem pathologischen Glücksspiel in Verbindung gebracht worden sind (vgl. Meyer, 1986, S. 149), waren die empirischen Ergebnisse von Vergleichsstudien teilweise inkonsistent (vgl. Meyer, 1986, S. 149, und Meyer & Bachmann, 1993, S. 52). Was jedoch durch Untersuchungen von pathologischen Spielern in Spielhallen (v. Törne & Konstanty, 1989), Selbsthilfegruppen (Meyer, 1989 und 1991) und im klinischen Rahmen (Bellaire & Caspari, 1989; Kröber, 1991) belegt werden kann, ist, daß exzessives Spielverhalten mit einer Vielzahl von verschiedenen psychischen Störungs- und Krankheitsbildern assoziiert ist. Kröber zum Beispiel (1991, S. 673) konnte bei 48 exzessiven Glücksspielern, die zur Behandlung oder Begutachtung in die Psychiatrische Klinik der Universität Heidelberg kamen, folgende Problembereiche differenzieren:

- depressive Störungen;
- dissoziale Entwicklungen;
- kritische Entwicklungen bei Persönlichkeitsstörungen, vor allem bei narzißtischen Persönlichkeiten;
- hirnorganische Störungen mit deutlicher Beeinträchtigung der sozialen Kompetenz.

Bei der Mehrzahl seiner Patienten diagnostizierte Kröber (ebenda, S. 673) eine Persönlichkeitsstörung: 38 % der Automatenspieler wiesen eine dissoziale Persönlichkeitsstörung auf, und 73 % der Roulettespieler zeigten eine ausgeprägte Persönlichkeitsstörung der narzißtischen, schizoiden oder zyklothymen Art.

Bellaire & Caspari (1989, S. 15/16) unterschieden bei 46 von ihnen in der Universitäts-Nervenklinik Homburg/Saar untersuchten exzessiven Spielern drei verschiedene Patientengruppen. Bei der ersten Gruppe handelte es sich um Spieler mit schweren

3 Unter diesem Begriff wird im allgemeinen die Persönlichkeitseigenschaft verstanden, für eigene Lebenssituationen Glück, Zufall, Schicksal oder andere Menschen verantwortlich zu machen.

psychiatrischen Grunderkrankungen wie Schizophrenie, affektiven Psychosen oder hirnorganischen Beeinträchtigungen. Zur zweiten Gruppe zählten Patienten mit ausgeprägten zwischenmenschlichen, zumeist partnerschaftlichen Konflikten. In einer dritten Gruppe wurden Spieler mit schwerwiegenden Persönlichkeitsstörungen zusammengefaßt, die mit insgesamt 23 Patienten auch hier die größte Subgruppe darstellten.

Schürgers & Haustein (1988, S. 193 f.) kommen im Rahmen ihrer Untersuchung zu psychoanalytischen Aspekten des süchtigen und exzessiven Automatenspiels (auf die ich in Kapitel 3.1 dieser Arbeit noch näher eingehen werde) zu folgender Einteilung:

1. Spieler mit schweren ich-strukturellen Defiziten, bei denen sich eine frühe Störung der Persönlichkeitsentwicklung findet,
2. Spieler, die exzessiv und ruinös spielen, bei den es aber überwiegend um einen Konfliktlösungsversuch im Rahmen einer neurotischen Problematik geht,
3. Spieler, die im Rahmen einer kurzfristigen Krise oder schwierigen persönlichen Situation exzessive Spielphasen haben.

Meyers (1991, S. 273) Klassifikation von Glücksspielern aus Selbsthilfegruppen mittels Clusteranalyse (n = 437) ergab fünf voneinander abgrenzbare, homogene Subgruppen, deren Unterschiede sich im wesentlichen auf psychologische Variablen beziehen:

1. Pathologische Automatenspieler mit emotional labiler, depressiv-aggressiver Persönlichkeitsstruktur,
2. pathologische Geldautomatenspieler mit emotional labiler, depressiver Persönlichkeitsstruktur,
3. pathologische Geldautomatenspieler ohne Persönlichkeitsauffälligkeiten,
4. pathologische Spieler klassischer Glücksspiele mit unauffälliger Persönlickeitsstruktur,
5. subjektiv belastete Geldautomatenspieler.

Die Spieler der Cluster 1 und 2 mit ihren schwerwiegenderen Persönlichkeitsauffälligkeiten stellen zusammen die größte Subgruppe (n = 189) dar und können nach Meyer (ebenda, S. 276) mit den von Kröber (1991) und Bellaire & Caspari (1989) im klinischen Kontext ermittelten Persönlichkeitsstörungen verglichen werden. Die Probanden der Cluster 3 und 4 (n = 120) werden von Meyer (ebenda, S. 277) dagegen eher als neurotisch und anpassungsgestört beschrieben. Sie zeigen deutlich weniger Persönlichkeitsauffälligkeiten als die Spieler der Cluster 1 und 2 und könnten, so mutmaßt Meyer (ebenda, S. 277), primär durch soziokulturelle und glücksspielspezifische Bedingungen oder durch inadäquate Coping-Strategien in die pathologische Entwicklung gelangt sein. Die in Cluster 5 (n = 125) zusammengefaßten pathologischen Spieler weisen schließlich eine vergleichsweise gering ausgeprägte Symptomatik auf, was Meyer (ebenda) auf ein früheres Stadium der Suchtentwicklung zurückführt. Zusammenfassend hält Meyer (ebenda, S. 275) fest, daß seine empirisch gewonnene Klassifikation grundsätzlich ein ähnliches Ergebnis liefert wie die hier vorgestellten klinisch-psychiatrischen Aussagen über unterschiedliche Störungsmuster bei Spielern. Lediglich die von Bellaire & Caspari (1989) beschriebene Subgruppe mit schweren psychiatrischen Erkrankungen konnte - wahrscheinlich bedingt durch die spezifische, klinisch-psychiatrische Stichprobe - nicht bestätigt werden.

Kröber (1996, S. 404) stellt in einer Übersicht über die bisherigen Klassifikationsversuche pathologischer Spieler zusammenfassend fest:

> Es erweist sich, daß tendenziell immer wieder die gleichen Untergruppen beschrieben werden, wobei in Abhängigkeit von der besonderen Klientel einzelne Untergruppen stärker sichtbar werden: Bei den Populationen an einer psychiatrischen Klinik finden sich verständlicherweise häufiger Spieler, bei denen Spielen Symptom einer psychischen Krankheit ist, bei den großen Erhebungen - zumal in Selbsthilfegruppen - häufiger Spieler, die sich als unauffällig darstellen und diesbezüglich auch nicht intensiver untersucht wurden. Offenbar gibt es aber eine Übergangsreihe von prädominanter Bedeutung akuter, externer Belastungsfaktoren (Anpassungsstörung) zu einer Prädominanz interner, psychischer und Persönlichkeitsfaktoren (schwere Persönlichkeitsstörung, psychische Krankheit). Die dissozialen Entwicklungen liegen dazwischen.

Ein auffälliges Ergebnis der hier angeführten Untersuchungen von pathologischen Glücksspielern ist darüber hinaus deren relativ große Nähe zum Mißbrauch oder zur Abhängigkeit von psychotropen Substanzen. So beschreibt Kröber (1991, S. 672), daß bei 46% der von ihm untersuchten Spieler ein periodischer oder chronischer Substanzmißbrauch feststellbar war. Bellaire & Caspari (1989, S. 18) stellen fest, daß 27 der insgesamt 46 von ihnen untersuchten exzessiven Glücksspieler ein zusätzliches Suchtverhalten, häufig im Sinne einer Polytoxikomanie, aufwiesen. Eine Längsschnittstudie an 300 Spielern in Spielhallen durch v. Törne & Konstanty (1989, S. 30) ergab, daß 21% der als belastet angesehenen Glücksspieler regelmäßig Drogen konsumierten. 48,2% der belasteten Spieler wurden als alkoholgefährdet eingestuft.

Im Rahmen von Meyers Untersuchung an Glücksspielern in Selbsthilfegruppen (1989, S. 73) gaben 22,4% der Probanden an, Probleme mit Alkohol, Drogen oder Medikamenten zu haben. Über den Zusammenhang mit dem exzessiven Glücksspiel befragt, äußerten sich innerhalb dieser Gruppe 35,7% dahingehend, daß die stoffgebundenen Probleme gleichzeitig mit dem Spielen bestanden/bestehen. Bei 31,6% hatten sich die Probleme von der Droge in den Glücksspielbereich verlagert, und für 9,2% trafen sowohl Mehrfachabhängigkeit als auch Suchtverlagerung zu (siehe Meyer, 1989, S. 73).

In der empirischen Untersuchung an beratenen/behandelten Glücksspielern (n = 558) von Denzer et al. (1995) bestanden bei 27,6% der Klienten neben dem pathologischen Glücksspiel noch eine oder mehrere weitere Abhängigkeiten, insbesondere bei 18,5% der Gesamtstichprobe eine Alkoholabhängigkeit (ebenda, S. 287).

Als bevorzugte Glücksspielform der pathologischen Spieler läßt sich durch die Untersuchungsergebnisse von Meyer (1989, S. 64) und Denzer et al. (1995, S. 285) eindeutig das Spiel an Geldautomaten belegen: In der Untersuchung von Denzer et al. gaben von den 558 beratenen/behandelten Glücksspielern 93,7% an, sie würden an Geldautomaten spielen (Mehrfachnennungen der praktizierten Glücksspielart waren möglich). 69,9% der befragten Spieler gaben an, sie seien ausschließlich Geldautomatenspieler (ebenda, S. 285).

Insgesamt gesehen, legen die hier vorgestellten empirischen Untersuchungen den Eindruck eines relativ hohen Anteils von Persönlichkeitsstörungen und Mehrfachabhängigkeiten bei den pathologischen Spielern nahe. Dieser »Trend« fällt bei den klinisch-psychiatrischen Studien deutlicher aus als bei den Untersuchungen in Selbsthilfegruppen und Spielhallen. Von Denzer et al. (1995, S. 290) wurde bei einem Vergleich zwischen den ambulant (n = 356) und den stationär (n = 202) behandelten Glücksspielern ihrer Untersuchungsstichprobe ebenfalls ein Unterschied in der Schwere der Abhängigkeitsproblematik sowie in der Art der mit dem pathologischen Glücksspiel assoziierten psychischen Störungen festgestellt:

> Es ergibt sich ... ein stimmiges Bild, in dem die ambulanten Klienten sozial integrierter, in ihrer Suchtentwicklung weniger fortgeschritten und seltener durch eine weitere Suchtproblematik belastet sind. Sie nutzen entsprechend das bestehende Behandlungsangebot in geringem Ausmaß und zeigen eine Tendenz, die Behandlung kurzfristig abzubrechen. Dies ergibt den behandlungsindikativen Befund, daß die leichter gestörten oder noch weniger in ihrer Suchtentwicklung fortgeschrittenen Glücksspieler eher im ambulanten Behandlungsangebot betreut werden, während die schwerer gestörten und in ihrer Suchtentwicklung weiter fortgeschrittenen Patienten vorwiegend stationär behandelt werden.

Denzer et al. (ebenda, S. 291) vermuten in diesem Zusammenhang, daß die mehrfachabhängigen Spieler durch ihre ausgeprägtere Suchtproblematik und die hierdurch stärkeren negativen Konsequenzen besser in das suchtspezifische Behandlungsangebot der an ihrer Untersuchung teilnehmenden Facheinrichtungen integriert worden waren.

Es wäre zudem denkbar, so möchte ich ergänzen, daß das suchttherapeutische Behandlungskonzept die ambulant versorgten Glücksspieler deswegen weniger erreicht hat, weil ihre Glücksspielsymptomatik mehr als Symptom eines neurotischen Konfliktlösungsversuches denn als Suchtkrankheit im eigentlichen Sinne zu verstehen ist. Es würde sich dadurch zwangsläufig die folgende Fragestellung ergeben: Stellt süchtige Symptomatik in ihrem jeweils differierenden Schweregrad einen funktionellen und relativ statischen Ausdruck einer darunter liegenden psychischen Grundstörung, zum Beispiel einer Neurose, dar, oder sind die individuellen Unterschiede in der Intensität des Suchtverhaltens auf jeweils verschiedene Stadien eines progredienten Suchtkrankheitsprozesses zurückzuführen? Wegen ihrer Konsequenzen für eine Differentialdiagnostik der Grundstörungen des pathologischen Glücksspiels und für hierauf aufbauende, differentielle Therapieindikationen möchte ich auf diese Frage im folgenden Unterkapitel ausführlicher eingehen.

2.4 Sucht oder Neurose? Ein Definitionsversuch

Im deutschen Sprachraum vertreten Autoren wie Meyer (1984a, 1986), Bachmann (1989), Kellermann (1987, 1996)), Heckmann (1986), Schumacher (1986) und Gross (1990) das sogenannte »Suchtmodell« des pathologischen Glücksspiels. Sie befürworten bei bestimmten, schweren Formen des exzessiven Spielverhaltens die Übernahme des Suchtkrankheitsbegriffs der stoffgebundenen Abhängigkeiten. Dieser war ursprünglich von Jellinek (1960) am Beispiel des Alkoholismus entwickelt und anschließend von der Selbsthilfebewegung und der Weltgesundheitsorganisation (WHO) übernommen worden (vgl. Antons, 1976, S. 253, und Lempke, 1990, S. 19).

Auf der Basis eines derart erweiterten Suchtverständnisses beschreibt Meyer (1984b, S. 31) als obligate Kernsymptome für das pathologische Glücksspiel mit Suchtcharakter:

1. Das unwiderstehliche Verlangen nach dem Glücksspiel, so daß der Spieler durchgehend unfähig geworden ist, sich des Spielens zu enthalten (Abstinenzunfähigkeit);
2. den Kontrollverlust nach dem Beginn des Spielens, so daß der Spieler so lange spielt, bis kein Geld mehr zur Verfügung steht.

Zusätzlich zum Kontrollverlust und der Abstinenzunfähigkeit sind nach Meyer (1986, S. 142) beim süchtigen Spieler meist noch weitere Symptome zu beobachten, die an stoffgebundene Abhängigkeiten erinnern:

> Die Frequenz des Spielens und der Umfang der Einsätze erhöhen sich im Laufe der Zeit (Dosissteigerung). Familie, Beruf und Interessen werden immer mehr zur Nebensache, bis schließlich das gesamte Verhalten und Erleben auf das Glücksspiel ausgerichtet ist. Die angestrebte lustvolle Erregung wird jedoch kaum noch erlebt. Das Glücksspiel ist mit einer starken physiologischen Erregung verbunden, die als lustvoll erlebt wird. Der Spieler kann in einen Zustand euphorischen Erlebens gelangen

> – eine Art Rauschzustand, der mit dem durch Drogen hervorgerufenen durchaus zu vergleichen ist.
> Beim Glücksspielentzug können neben psychischen Wirkungen wie Unlusterscheinungen, Reizbarkeit, Schlafstörungen und Alpträumen auch vegetativ-physische Auffälligkeiten wie Schweißausbrüche, Zittern und motorische Unruhe auftreten … Diese Entzugsbeschwerden werden durch erneutes Spielen gebessert oder aufgehoben.

Meyer & Bachmann (1993, S. 31-34) unterteilen den Verlauf einer »Spielerkarriere« bis zur Manifestierung der Sucht in Anlehnung an Jellineks (1960) Phaseneinteilung des Alkoholismus (Präalkoholische Phase – Prodromalphase – kritische Phase – chronische Phase; vgl. Feuerlein, 1989, S. 159) in insgesamt drei Phasen:

1. *Positives Anfangsstadium*, in dem erste, positiv gefärbte Kontakte zum Glücksspiel im Vordergrund stehen. Kleine oder größere Gewinne werden erzielt, die Verluste werden immer wieder ausgeglichen, und anregende, euphorische Gefühle steigern das Selbstwertgefühl. Das Spielverhalten ist auf die Freizeit beschränkt.

2. *Kritisches Gewöhnungsstadium*, in dem die Spielintensität steigt und der Spieler risikoreichere Spielvarianten wählt (zum Beispiel gleichzeitiges Spiel an mehreren Automaten). Um den gewünschten Effekt zu erzielen, sind immer höhere Einsätze und Gewinne erforderlich, da deren Wirkung infolge von Gewöhnung nachläßt. Das Spielen wird zunehmend als Beruhigungsmittel oder als Aufputschmittel zur Kompensation intrapsychischer und/oder sozialer Konflikte eingesetzt. Das Glücksspiel läßt sich nicht mehr nebenbei finanzieren, da die Verluste die Gewinne überwiegen. Es entsteht ein System von Lügen, um die Abwesenheit (Beruf, Familie) und die finanziellen Engpässe zu verschleiern. Die Kontrolle über das Spielverhalten ist aber insofern noch vorhanden, als der Spieler noch nicht bis zum völligen Geldverlust in der Spielhalle bleibt und sie noch mit Gewinnen (auch mittleren) verlassen kann.

3. *Suchtstadium*, in dem Kontrollverlust und Abstinenzunfähigkeit eingetreten sind. Exzessives Spielen bis zum völligen Geldverlust wird zur Regel, die Geldbeschaffung, auch durch Straftaten, bestimmt das Leben des Spielers. Persönlichkeitsveränderungen (Stimmungslabilität, Selbstverachtung, Antriebsver-

lust) und sozialer Abstieg (emotionale Entfremdung von der Familie, Scheidung, Isolation) bestimmen in zunehmendem Ausmaß das Erscheinungsbild des Spielers. Aufgrund von psychischen und physischen Entzugserscheinungen scheitern Versuche, glücksspielabstinent zu leben, meist schon nach wenigen Tagen. Es hat sich ein von potentiellen Grundstörungen mehr oder minder unabhängiges, eigenständiges Störungsbild entwickelt. Kellermann (1987, S. 116) schlägt vor, von einer »Suchtkrankheit« beim pathologischen Glücksspiel nur dann zu sprechen, wenn bei der süchtigen psychischen Fehlentwicklung dieses Stadium der manifesten Sucht erreicht ist.

Die Anwendung des Suchtkrankheitsmodells der stoffgebundenen Abhängigkeiten auf das pathologische Glücksspiel wurde von verschiedener Seite her kritisiert (vgl. Hand, 1986; Saß & Wiegand, 1990; Haase, 1992; Brengelmann, 1990). So entwickelten zum Beispiel Hand und Mitarbeiter (Hand & Kaunisto, 1984; Klepsch, Hand & Wlazlo, 1987; Wlazlo, Hand, Klepsch et al., 1987; Klepsch, Hand, Wlazlo et al., 1989) im Rahmen ihrer Arbeit an der Verhaltenstherapie-Ambulanz des Universitätskrankenhauses Hamburg-Eppendorf einen theoretischen und praktisch-therapeutischen Ansatz, der pathologisches Glücksspiel – im Kontrast zum suchtspezifischen Behandlungsmodell – anhand eines sogenannten »Neurose-Modells« als »Signal für Fehler in der Lebensführung« interpretiert (vgl. Klepsch et al., 1989, S. 37). Die therapeutischen Schwerpunkte zielen hierbei auf eine Verbesserung der Kommunikations- und Problemlösefertigkeiten, den Aufbau sozialer Kompetenz und auf das Erlernen von Verarbeitungsmechanismen in bezug auf private und berufliche Verlustsituationen ab (vgl. ebenda).

Die grundlegende Kritik von Hand und Mitarbeitern am Suchtmodell des pathologischen Glücksspiels besteht darin, daß es – ihrer Ansicht nach – implizit das von Jellinek (1960) für den Alkoholismus entwickelte (und anfangs weitgehend organmedizinisch konzipierte) Konzept der Suchtkrankheit übernimmt und damit einem biologistisch verkürzten Krankheitsverständnis erliegt (siehe Hand & Kaunisto, 1984, S. 9; Klepsch et al., 1989, S. 37). Die Diagnose »Sucht« könne daher in dem pathologischen Spieler ein destruktives Selbstbild erzeugen, welches ihn als das unheilbare Opfer einer biologisch bedingten Erkrankung ausweise und seine realen Veränderungsmöglichkeiten einschränke (siehe Klepsch et al., 1989, S. 37). Hand und Mitarbeiter scheinen dabei jedoch zu übersehen, daß eine ausschließlich medizinisch-biologische Erklärung des Kontrollverlusts, des Kernkonstrukts in Jellineks Suchtkrankheitsmodell, in der wissenschaftlichen Suchtforschung schon seit längerer Zeit nicht mehr erfolgt.[4]

Feuerlein (1989 S. 85) zum Beispiel fordert zur Erklärung des Kontrollverlustes und süchtiger Phänomenologie im allgemeinen ein integratives Modell, welches psychologische, biologische und soziologische Erklärungsansätze miteinander verbindet:

> Die biologischen Modelle ... berücksichtigen nicht die sozialen Faktoren, deren Bedeutung evident ist. Umgekehrt vernachlässigen rein psychologische und soziologische Modelle ... die Ergebnisse der umfangreichen biologischen bzw. psychologischen Forschung. Daraus folgt, daß nur eine Zusammenschau aller drei Faktorengruppen eine Erklärung der Entstehungsbedingungen des Alkoholismus (und der Drogenabhängigkeit im allgemeinen) geben kann, die dem Anspruch gerecht wird, den Mannigfaltigkeiten der realen Gegebenheiten gerecht zu werden. Dieses Modell ist dynamisch zu sehen, wobei die Faktorengruppen sich gegenseitig beeinflussen.

Die Befürworter des Suchtmodells des pathologischen Glücksspiels (zum Beispiel Meyer & Bachmann, 1993, S. 42, und Gross, 1990, S. 23 f.) greifen daher bei der Ursachenklärung der Spielsucht auf das von Kielholz & Ladewig (1972, S. 23 f.) und Feuerlein (1989, S. 12) für die stoffgebundenen Abhängigkeiten entwikkelte »Suchtdreieck« zurück. Nach diesem multikonditionalen Modell sind drei große, eng miteinander verflochtene Ursachenkreise für die Entwicklung einer manifesten Suchtkrankheit verantwortlich:

4 Jellinek selbst hatte schon 1960 seine ursprüngliche Konzeption des Kontrollverlustes revidiert (vgl. Antons, 1976, S. 248). Hatte er ihn bis dahin noch als eine kurzfristige Akkommodation des Nervengewebes auf dem Hintergrund einer langfristig erworbenen, erhöhten Toleranz beschrieben, so vertrat er nun die Ansicht, daß der Kontrollverlust überwiegend aus einem verschachtelten Muster erlernter Verhaltensweisen bestehe (vgl. ebenda, S. 250).

1. Die spezifische Wirkung der Droge, oder, bei einer stoffungebundenen Abhängigkeit, die spezifische Wirkung der süchtigen Verhaltensweise,
2. die spezifischen Eigenschaften des Individuums (physiologische und psychologische Faktoren)
3. die Besonderheiten des Sozialfeldes (zum Beispiel die Spezifika des jeweiligen Kulturkreises, aber auch Arbeitslosigkeit und ihre Folgen).

Der süchtige Kontrollverlust ist also auch beim pathologischen Glücksspiel nicht als medizinisch erklärbare, wissenschaftliche Wahrheit zu verstehen, sondern als »wissenschaftliche Metapher« (Lempke, 1990, S. 22). Er ist ein für unseren Kulturkreis charakteristisches Merkmal des Suchtgeschehens, welches sich in Abhängigkeit von zeitlichen, situativen und subjektiven Faktoren (vgl. Küfner, 1981, S. 7) im Verlauf der Suchtentwicklung oftmals einstellt.

Ein derartiges Verständnis von Spielsucht als einem sich auch zeitabhängig mehrdimensional konstituierenden Syndrom mit wahrscheinlicher Progressionstendenz und differenter Ätiologie (vgl. Böning, 1991, S. 707) erfordert für die Entwicklung effektiver therapeutischer Ansätze eine mehrschichtige Diagnostik. Caspari (1993, S. 208) schlägt deswegen folgende, am »Suchtdreieck« orientierte Maßstäbe für die Differentialdiagnostik des pathologischen Glücksspiels vor:

a) das Ausmaß und die Intensität des Spielverhaltens,
b) das Vorhandensein und die Art von begleitenden psychischen Störungen oder sogenannte Grundstörungen,
c) die aktuelle psychosoziale Situation des Patienten (zum Beispiel die familiäre und berufliche Situation oder Verschuldung).

Neben der Eruierung des manifesten Suchtverhaltens und der aktuellen psychosozialen Situation des Spielers ergibt sich somit die Notwendigkeit einer umfassenden, psychogenetisch orientierten Diagnostik der dem pathologischen Glücksspiel jeweils zugrunde liegenden psychischen Störung.

Heigl-Evers (1991, S. 165) beschreibt die psychogenetische Perspektive von Sucht unter Bezugnahme auf den psychodynamischen, den lerntheoretischen und den systemtheorischen Ansatz folgendermaßen:

> Psychogenetische Ansätze erklären Suchtphänomene als Ergebnis von lebensgeschichtlich erworbenen psychischen Strukturen und situativ ausgelösten Reaktionsweisen, die eine angemessene Bewältigung von Problemlagen behindern. Statt dessen … wird die Droge zum Medium eines Selbstheilungsversuchs hinsichtlich solcher inneren Schwierigkeiten, allerdings mit hohen und ständig steigenden biographischen Kosten, mit anderen Worten: zu Lasten der weiteren Lebensgestaltung. Darunter ist hier der schleichende, dem Betroffenen erst sehr spät erkennbare Verfall seiner psychischen und physischen Leistungsfähigkeit und damit seiner biographisch-sozialen Kompetenz zu verstehen.

Bei der Erarbeitung eines psychogenetischen Diagnosemodells zur Erfassung der psychischen Grundstörungen der Spielsucht beziehe ich mich im folgenden auf den Ansatz der Psychoanalyse, der menschliches Handeln in letzter Konsequenz auf das Wirken und die Konfliktdynamik innerpsychischer Kräfte wie Trieb, Affekt, Instinkt, Bedürfnis, Libido o. ä. zurückführt (siehe Heigl-Evers, ebenda).

Die Psychoanalyse ist, was sie von anderen Richtungen der Psychologie grundlegend unterscheidet, eine Psychologie des Dynamisch-Unbewußten (vgl. Schöpf, 1993, S. 151). Das Unbewußte hat in der Psychoanalyse eine zentrale Bedeutung für alle Vorgänge des seelischen Lebens. Holder (1982, S. 226) führt hierzu aus:

> Für die Psychoanalyse sind daher die Hypothese von unbewußtem seelischen Geschehen und die Determinanten von Verhaltenserfahrung und subjektivem Erleben grundlegende Festsetzungen, die im Mittelpunkt sämtlicher psychoanalytischer Theorien sowohl des normalen als auch des abnormalen seelischen Geschehens stehen. So hält man bewußtes Erleben tatsächlich für etwas, das lediglich einen schmalen Ausschnitt psychischen Geschehens darstellt. Die meisten seelischen Vorgänge finden außerhalb des Bewußtseins statt, auf sowohl deskriptiv wie auch dynamisch unbewußter Ebene. Dies gilt nicht nur für psychische Kräfte, Vorgänge und Strukturen, sondern ebenfalls für psychische Inhalte, Gedanken, Phantasien und Empfindungen.

Holder spricht hier mit dem Theorem von der Determiniertheit des psychischen Geschehens einen zweiten wichtigen Grundpfeiler der Psychoanalyse an. Es besagt, daß jeder Gesichtspunkt im Verhalten und subjektiven Erleben sowie das Funktionieren des psychischen Apparats insgesamt das Ergebnis von vorausgegangenen Ereignissen innerhalb und auch außerhalb des psychischen Bereichs sind (ebenda). Bei der Frage nach der Kausalität seelischen Geschehens geht es der Psychoanalyse jedoch nicht um Wahrheiten auf einer objektiven wissenschaftlichen Ebene, sondern um psychische Gesetzmäßigkeiten und Wahrscheinlichkeitsprinzipien:

> Die Wahrscheinlichkeit, mit der es gelingt, bestimmte Erscheinungen »richtig« zu erklären, nimmt in dem Maße zu, in welchem wesentliche Informationen über das Leben eines Patienten und seine individuellen, subjektiven Erfahrungen und Erlebnisse verfügbar sind. (Holder, 1982, S. 227)

Damit zeichnet die Psychoanalyse nach Mertens (1988, S. 18) aus, daß sie weder behavioristisch oder kausal-linear dem Ereignis eine bestimmte, theoretisch feststehende Konsequenz zuordnet noch dem Ereignis überhaupt keine Bedeutung zukommen läßt. Sie gehe statt dessen von der kognitiv-affektiven Aneignung des konkreten Ereignisses aus, was die reale Kränkung, den narzißtischen Mißbrauch oder die Verführung als lebensgeschichtliches Faktum nicht ausschließe. Deren Konsequenzen für die Charakterentwicklung und die Symptombildung seien aber immer nur vor dem Hintergrund der je einmaligen phantasierten Bedeutungen und Verarbeitungsmöglichkeiten des betreffenden Menschen zu begreifen.

Auch süchtiges Verhalten wurde von der Psychoanalyse seit jeher als Symptom einer individuellen, auf traumatische lebensgeschichtliche Erfahrungen zurückgehende und in ihren Zusammenhängen dem Zugang zum Bewußtsein entzogenen Psychopathologie verstanden. Lürßen (1982, S. 101) merkt hierzu an:

> Dabei sieht die Psychoanalyse nicht in der Alkohol-, Tabletten- bzw. Drogeneinnahme und deren psychologischen, physiologischen und sozialen Konsequenzen, so schwerwiegend diese im einzelnen auch sein mögen, das Entscheidende, sondern in der individuellen Entwicklung, der Persönlichkeitsstruktur und der Psychodynamik des Süchtigen, kurz in seiner inneren Proble-

> matik ... Süchtiges Verhalten ist also nur die Spitze eines Eisberges, hinter der sich eine schwere menschliche Pathologie verbirgt.

Die Psychoanalyse bezog in dieses Verständnis von Sucht, wie ich im folgenden Kapitel darstellen werde, immer auch die stoffungebundenen Abhängigkeiten, allen voran die Spielsucht, mit ein.

3. Zur Psychodynamik und Differentialdiagnose der Spielsucht

3.1 Der süchtige Spieler – ein Prototyp der narzißtischen Persönlichkeitsstörung?

Die frühe, der Triebdynamik im Rahmen des topographischen Modells verhaftete Psychoanalyse sah den Konsum einer Droge oder süchtige Verhaltensweisen als einen Versuch an, der intrapsychischen Auseinandersetzung mit einem umschriebenen Triebkonflikt auszuweichen (vgl. Burian, 1984, S. 163-168; Rost, 1992, S. 28-38; Lürßen, 1982, S. 104). Nach dieser »hedonistischen« Auffassung von Sucht (siehe Rost, 1986a, S. 222) wurde der Abhängige als ein ganz dem Lustprinzip verfallener Mensch angesehen, der, ähnlich wie bei der Perversion, seine pathologisch persistierenden Partialtriebe ohne die Herausbildung eines charakteristischen neurotischen Symptoms auslebt (vgl. Rost, 1986b, S. 293).

Die Spielsucht wurde in diesem Zusammenhang als ein ungehemmter Ausdruck bzw. eine Ersatzbildung analer Triebstrebungen angesehen (vgl. v. Hattingberg, 1914; Simmel, 1920). Die Verbindung des pathologischen Glücksspiels mit der Analität rührte dabei von der damals in der Psychoanalyse üblichen symbolischen Gleichsetzung von Geld und Kot her. So stellte Ferenczi in seinem Aufsatz »Zur Ontogenie des Geldinteresses« (1914, S. 510) fest: »Aus der Lust am Darminhalt wird Freude am Gelde, das aber ... auch nichts anderes ist, als *geruchloser, entwässerter und glänzend gemachter Kot.* ›Pecunia non olet‹« (Hervorhebung im Original).

Abweichend hiervon stellte Freud die Spielsucht dann in seiner Abhandlung »Dostojewski und die Vatertötung« (1928) in den Zusammenhang eines massiven, um Selbstbestrafung und unbewußte sexuelle Impulse zentrierten ödipalen Konfliktes. Nach Freud (ebenda, S. 409) war Dostojewski auf Grund seiner besonders starken bisexuellen Veranlagung und seines übermäßig harten und grausamen Vaters eine normale Lösung des Ödipuskonflikts nicht möglich gewesen. Statt dessen hätten unbewußte

Vatermordimpulse sowie latente, auf den Vater gerichtete homoerotische Neigungen bei ihm zur Herausbildung eines sadistischen Über-Ich geführt. Von diesem sei er in späteren Jahren, so Freud (ebenda, S. 411), zu einer masochistischen Lebensführung getrieben worden, welche sich vor allem in der (vermutlich psychogenen) Epilepsie und in der Spielleidenschaft des Dichters ausgedrückt habe:

> Das Schuldgefühl hatte sich, wie nicht selten bei Neurotikern, eine greifbare Vertretung durch eine Schuldenlast geschaffen und Dostojewski konnte vorschützen, daß er sich durch den Spielgewinn die Möglichkeit erwerben wolle, nach Rußland zurückzukommen, ohne von seinen Gläubigern eingesperrt zu werden. Aber das war nur Vorwand, Dostojewski war scharfsinnig genug, es zu erkennen, und ehrlich genug, es zu gestehen. Er wußte, die Hauptsache war das Spiel an und für sich, *le jeu pour le jeu* (Hervorhebung im Original). Alle Einzelheiten seines triebhaft unsinnigen Benehmens beweisen dies und noch etwas anderes. Er ruhte nie, ehe er nicht alles verloren hatte. Das Spiel war ihm auch ein Weg zur Selbstbestrafung. (Ebenda, S. 414 f.)

Der sich in den frühen psychoanalytischen Arbeiten zur Suchthematik abzeichnende therapeutische Optimismus (vgl. Lürßen, 1982, S. 104) wurde schon bald durch die klinische Erfahrung gedämpft. Es hatte sich nämlich gezeigt, daß die an der Aufdekkung der Triebdynamik orientierte psychoanalytische Praxis zwar bei den »klassischen Neurosen« gute Erfolge zeigte, bei Abhängigkeitskranken jedoch nicht. Rost (1986b, S. 292): »Bei Süchtigen war es von Anfang an so, daß die therapeutischen Versager die Erfolge bei weitem übertrafen; es war offensichtlich, daß an einigen Patienten gewonnene Erklärungen bei anderen keine Gültigkeit besaßen.«

Es war in der Folge der ungarische Psychoanalytiker Sandor Radó, der mit seinen Schriften »Die psychischen Wirkungen der Rauschgifte« (1926) und »Psychoanalyse der Pharmakothymie« (1934) die Aufmerksamkeit der Psychoanalyse von dem optimistischen Konfliktkonzept der Sucht weg und hin zu den verschiedenen Modellen einer tiefen narzißtischen oder oralen Störung lenkte. Radós Pionierarbeiten stellen dabei, wie Rost (1992, S. 38) anmerkt, Höhepunkt und Überwindung der triebpsychologischen Modelle zugleich dar.

Radó (1926) schrieb dem Drogenkonsum zum einen die Funktion eines inneren Reizschutzes zu, den der Abhängige aufgrund seiner ausgeprägten Frustrationsintoleranz künstlich herstellen müsse. Zum anderen verwies er auf die im toxischen Rausch erfolgende Persönlichkeitsveränderung, deren Charakteristikum eine ausgeprägte Regression mit magisch-narzißtischer Wunscherfüllung sei (1934). Mit Lürßen (1982, S. 106) kann festgestellt werden, daß Radó mit diesen beiden Erklärungsansätzen den Rahmen für die gesamte weitere Erforschung der süchtigen Pathodynamik innerhalb der Psychoanalyse abgesteckt hat. Von Radó aus führt ein direkter Weg sowohl zu den narzißmustheoretischen und selbstpsychologischen Konzeptionen der Sucht im Gefolge der Arbeiten Kohuts (1973, 1979) als auch zu den mit Sucht befaßten Autoren der Ich-Psychologie, die nach Defekten in der Ich- und Abwehrorganisation des Abhängigen forschen und in einer extrem niedrigen Affekttoleranz bzw. Reizschranke des Ichs den Kardinaldefekt der Sucht vermuten (vgl. zum Beispiel Krystal & Raskin, 1983 und Wurmser, 1983, 1987).

Dem Verständnis von Sucht als einer oral-narzißtischen Störung folgte seit Mitte der dreißiger Jahre auch Bergler (1936). Vergleichbar mit Radó (1926, 1934) für den Bereich der toxischen Süchte, nimmt er eine herausragende Stellung bei der Entwicklung eines fundierten psychoanalytischen Erklärungsansatzes der Spielsucht ein. Hatten die Psychoanalytiker vor ihm ihre Vorstellungen zum pathologischen Glücksspiel oftmals nur »aphoristisch« (Bergler, 1936, S. 409) und vor einem empirisch dürftigen, zumeist nur auf Einzelfallanalysen gestützten Hintergrund formuliert (vgl. Schütte, 1985, S. 78), so konnte Bergler im Verlauf seiner Arbeiten zur Spielsucht (1936, 1943, 1958) schließlich auf 60 von ihm behandelte/analysierte Spieler zurückblicken (vgl. Bergler, 1958, S. 128).

Bergler, der die Arbeiten von Radó (1926, 1934) mit Sicherheit rezipiert hatte, konzentrierte sich schon in seiner Arbeit von 1936 auf die narzißtische Regression des Spielsüchtigen. Die von seinen psychoanalytischen Vorgängern beschriebenen Triebkonflikte ödipaler und analsadistischer Natur konnten nämlich seiner Meinung nach (1936, S. 411) »*allein* keinen Hasardspieler konstituieren. Es muß noch etwas hinzutreten, und dieses Etwas ist die Allmachtsfiktion, die das Spiel weitgehend vermittelt« (Hervorhebung im Original). Es handele sich bei dieser Allmachtsfiktion um ein »quantitativ wirksames Plus zu analytisch längst Bekanntem« (ebenda, S. 415).

1958 wurden diese Vorstellungen von Bergler in *The Psychology of Gambling* weiter präzisiert (der Autor publizierte nun in Englisch, da er vor dem Faschismus von Wien nach England geflohen war). Neben den narzißtischen Allmachtsphantasien, so ergänzte Bergler (1958, S. 19) nun, sei der innere Zwang zum ruinösen Spielverlust das wesentliche Merkmal des süchtigen Spielers. Der Spielsüchtige leide an einer masochistischen Neurose, deren Ursprung in einer oral-narzißtischen Fixierung und den mit ihnen verbundenen Strafbedürfnissen liege. Schon als Kind habe der Betroffene seine narzißtischen Omnipotenzphantasien nicht dem Realitätsprinzip anpassen können und sei ihnen in der Folge bis ins Erwachsenenalter hinein verhaftet geblieben. Die »verbotenen« Allmachtswünsche seien jedoch zum Zweck der Aufrechterhaltung des innerpsychischen Gleichgewichts unbewußt an Schuldgefühle und an ein starkes Selbstbestrafungsbedürfnis gekoppelt worden (vgl. ebenda, S. 25). Um aus dieser Situation das Beste zu machen, ordne der Spieler diese Selbstbestrafungsimpulse dem Lustprinzip unter, so daß aus Unlust Lust entstehe (»pleasure out of displeasure«, ebenda). Der psychische Masochismus sei somit eine geniale Umgehung des eigentlichen Charakters von Bestrafung: »Wenn Strafe zur Lust wird, verkommt die Strafe an sich zur Absurdität« (ebenda, S. 26, Übersetzung vom Verf.)

Der von der masochistischen Neurose Betroffene inszeniere nun oftmals ein Drama der Selbstbestrafung, welches sich im sogenannten »Mechanismus der Oralität« (ebenda) ausdrücke:

> Hat sich die masochistische Neurose erst einmal eingenistet, so wird das Unbewußte zum Schauplatz eines Dramas, welches endlos und monoton wiederholt wird. Es ist ein Drama in drei Akten:
> 1. Der psychische Masochist provoziert oder mißbraucht unbewußt Situationen, in denen er zurückgewiesen, abgelehnt oder besiegt wird.
> 2. Ahnungslos darüber, daß er selbst für diese Niederlagen und Zurückweisungen verantwortlich ist, schlägt er mit einem Gefühl der Entrüstung um sich und wendet sich, anscheinend in

> einem Akt der Selbstverteidigung, gegen die Grausamkeit und Ungerechtigkeit der Welt.
> 3. Was dann folgt, ist tiefes Selbstmitleid, denn das Schicksal hat ihm einen »harten Schlag« versetzt. (Übersetzung vom Verf.)

Der entscheidende Faktor dieses »oralen Mechanismus« ist nach Bergler also, daß er hinter einer Fassade der narzißtisch gefärbten Pseudoaggression masochistische Befriedigung ermöglicht. Bewußt seien dabei nur die Gefühle von Selbstmitleid und Entrüstung. Der dahinter stehende Rest des oralen Mechanismus, insbesondere die vorausgehende Provokation, bleibe unbewußt (ebenda, S. 31).

Bergler (ebenda) merkt weiterhin an, daß nicht alle Neurotiker, die den masochistischen Mechanismus der Oralität »anwenden«, Spielsüchtige sind; umgekehrt jedoch könne behauptet werden, daß ihn alle Spieler praktizieren. Pathologische Spieler sind also nach Bergler eine spezifische Subgruppe von oral regredierten Neurotikern, die die Imagines der versagenden Objekte ihrer Kindheit auf den »Glücksspielgegner« (ebenda, S. 27) projizieren:

> Wendet man dieses Muster der Selbstbestrafung auf Spieler an, so ist klar, daß der »Gegner« (der Poker-Partner, das Roulette-Rad, die Börsen-Aktie) immer unbewußt mit der Phantasie der verweigernden Mutter – später des Vaters – gleichgesetzt wird. Nur eines kann von diesem »Monster« erwartet werden – Versagung, Ablehnung und Vernichtung. Der unbewußte Wunsch des Spielers zu verlieren garantiert diese Niederlage. (Übersetzung vom Verf.)

Von Bergler beeinflußte Autoren wie Greenson (1947/1974) oder Lindner (1950/1974) übernahmen anschließend dessen Verständnis von Spielsucht als einer überwiegend frühen, oral-narzißtischen Störung mit ausgeprägten Omnipotenzphantasien. Dem von Bergler hervorgehobenen autodestruktiven Charakter des pathologischen Glücksspiels sowie seinem Konzept der »masochistischen Neurose« standen diese Autoren jedoch eher skeptisch gegenüber.

Im deutschen Sprachraum betonte Paul Matussek in seinem Aufsatz »Zur Psychodynamik des Glücksspielers« (1953) ebenfalls die überwiegend orale Störung des Spielsüchtigen (hier jedoch vor dem theoretischen Hintergrund der Neo-Psychoanalyse Schultz-Henkes). Unbewußter Sinn des Spielens sei der Versuch, »die ursprünglich gestörte Beziehung zur Mutter rückgängig zu machen« (ebenda, S. 247). Symptomatisch stehe aber dabei, wie von Bergler beschrieben, die stark entwickelte Aggression des Spielers gegen die elterliche Autorität im Vordergrund (vgl. ebenda, S. 249).

Die von den Arbeiten Radós (1926, 1934) ausgehende Konzentration des psychoanalytischen Suchtverständnisses auf die Konzepte der frühen oralen Störung und des regressiv belebten Narzißmus wurde durch die Arbeiten Heinz Kohuts (1973, 1979) drei Jahrzehnte später maßgeblich bestätigt und fortgeführt.

Wie Volkan & Ast (1994, S. 42) in einer Übersicht über Kohuts Frühwerk zusammenfassen, fügte Kohut der Ansicht Freuds, nach der sich der Narzißmus vom Autoerotismus zur Objektliebe bewegt, ein weiteres Konzept hinzu: Er postulierte eine zweite, sich von einer archaischen zu einer reifen bzw. adaptiven Form hin entwickelnde Linie des Narzißmus.

> Er verwendete erstmals den Begriff der *narzißtischen Persönlichkeitsstörung* und bezeichnete damit Patienten, die Störungen in dieser zweiten Linie der Entwicklung aufweisen, wodurch sie den infantilen Narzißmus nicht in den höher entwickelten Narzißmus umformen konnten. Kohut betonte, daß die intensivsten narzißtischen Erfahrungen aus den Beziehungen zu Objekten stammen, die entweder im Dienste des Selbst verwendet oder als Teil des Selbst (Selbstobjekte) erlebt werden. Die Perfektion des primären Narzißmus, die durch die unausweichlichen Unzulänglichkeiten der Mutter in Frage gestellt werde, werde durch die Errichtung eines grandiosen und exhibitionistischen Selbst-Bildes ersetzt, welches Kohut als grandioses Selbst/Größenselbst bezeichnete ..., oder aber durch die Übertragung der ursprünglichen Perfektion auf ein bewundertes, omnipotentes Selbstobjekt, das Kohut die *idealisierte Elternimago* (idealized parent image) nannte. Narzißtische Patienten, das heißt Patienten, die auf einer Ebene unterhalb der Ebene des adaptiven Narzißmus fixiert seien, aktivieren in der Übertragung eine dieser Vorstellungen.
>
> Wenn die Unzulänglichkeiten der Mutter jedoch nicht zu groß gewesen sind, werde das grandiose Selbst in ein Selbst mit reifen Ambitionen und Selbstwertgefühl umgewandelt. Depriva-

> tion und Traumata in der Kindheit haben nach Kohut bei Patienten mit narzißtischer Persönlichkeitsstörung zu einem Entwicklungsstillstand geführt und damit zur Aufrechterhaltung eines grandiosen Selbstbildes oder einer idealisierten Elternimago. (Volkan & Ast, 1994, S. 42; Hervorhebungen im Original.)

Je nach ihrem individuellen Schweregrad könne eine so entstandene »primäre Störung des Selbst«, so Kohut & Wolf (1980, S. 669 f.), in der Folge zu einer Psychose, einer Borderline-Störung oder einer narzißtischen Persönlichkeitsstörung führen.

Innerhalb des selbstpsychologischen Modells seines Spätwerks ordnete Kohut (Kohut & Wolf, 1980, S. 670) die Süchte dann zusammen mit den Perversionen und der Delinquenz den narzißtischen Verhaltensstörungen zu. Gemeinsam mit den narzißtischen Persönlichkeitsstörungen bildeten sie nun eine Subgruppe der primären Störungen des Selbst (vgl. ebenda). Im Gegensatz zu den Borderline-Störungen und Psychosen sind das Auseinanderbrechen, Schwächungen oder schwerwiegende Verzerrungen des Selbst bei den narzißtischen Verhaltensstörungen und den narzißtischen Persönlichkeitsstörungen nach Kohut & Wolf (ebenda) nur temporär.

Der chronische Selbstdefekt der Süchtigen ist, wie Kohut & Wolf (ebenda, S. 673) weiter ausführen, auf ein *unterstimuliertes Selbst* zurückzuführen:

> Dies ist ein chronischer oder häufig wiederkehrender Zustand des Selbst; die Neigung hierzu kommt infolge langandauernden Mangels an stimulierender Resonanz von seiten der Selbstobjekte in der Kindheit zustande. Solchen Persönlichkeiten fehlt es an Vitalität. Sie erleben sich selbst als langweilig und teilnahmslos und werden von anderen Menschen auf dieselbe Art und Weise erlebt. Individuen, auf deren entstehendes Selbst keine ausreichende Resonanz erfolgte, benutzen alle verfügbaren Stimuli zur Erzeugung einer Pseudoerregung, um das schmerzliche Gefühl der Leblosigkeit fernzuhalten, das sie zu überkommen droht. Kinder verwenden dazu die ihrer Entwicklungsphase entsprechenden Mittel – Kopfschlagen bei Kleinkindern, zwanghaftes Masturbieren in der späteren Kindheit, tollkühne Aktivitäten in der Adoleszenz. Erwachsenen steht ein noch umfassenderes Instrumentarium zur Selbst-Stimulierung zur Verfügung – in der sexuellen Sphäre vornehmlich suchtartige promiskuöse Aktivitäten und verschiedene Perversionen, im

> nichtsexuellen Bereich *Glücksspiele* [Hervorhebung vom Verf.], durch Drogen und Alkohol erzeugte Erregung und ein Lebensstil, der durch übergroße Geselligkeit charakterisiert wird. Wenn der Analytiker in der Lage ist, die Fassade von Abwehr zu durchdringen, die diese Aktivitäten darstellen, wird er stets leere Depression finden.

Diese Sichtweise Kohuts von Sucht als einem chronischen Selbstdefekt wurde im deutschsprachigen Raum von Autoren wie v. Scheidt (1976), Battegay (1977, 1987, 1993) und in einzelnen Aspekten auch von Mentzos (1984) übernommen.

Battegay (1983, S. 211) weist jedoch darauf hin, daß es Kohut nicht plausibel gelungen sei, die narzißtischen Verhaltensstörungen von den narzißtischen Persönlichkeitsstörungen abzugrenzen: »Ich denke, daß jeder Patient, welcher eine narzißtische Persönlichkeitsstörung aufweist, ein entsprechendes Verhalten zeigt, und deshalb unterscheide ich in dieser Hinsicht nicht zwischen zwei verschiedenen Syndromen.«

Dem pathologischen Glücksspiel als stoffungebundener Sucht haben sich vor dem Hintergrund der Kohutschen Narzißmuskonzeption im deutschen Sprachraum ausführlicher Schütte (1985, 1987) und Simon (1980) gewidmet: Während Simon (1980) das exzessive Glücksspiel anhand der Hauptfigur aus Dostojewskis Roman *Der Spieler* (1866/1986) als narzißtischen Restitutionsversuch beschreibt, vergleicht Schütte (1987) die Symptome der narzißtischen Persönlichkeitsstörung (Kohut, 1973) mit den Eigenschaften eines idealtypischen, aus der vorhandenen Literatur heraus gedachten Spielsüchtigen. Schütte (1987, S. 132-134) findet gravierende Überschneidungen in folgenden Problemfeldern:

- Im Bereich der zwischenmenschlichen Beziehungen (charakterisiert durch ein ungewöhnliches Maß an Selbstbezogenheit im Umgang mit anderen Menschen; Bindungsarmut, starkes Verlangen nach Fremdbestätigung und Angst vor Nähe seien ebenfalls für beide Störungsbilder typisch);
- im Bereich des Selbsterlebens (Pendeln zwischen Allmachtsphantasien und Minderwertigkeitsgefühlen);
- in der Verarbeitung von Kränkungen (geringe Frustrationstoleranz, »diffuse narzißtische Verwundbarkeit«) (Kohut, 1973, zit. nach Schütte, 1987, S. 134);
- im Umgang mit Aggressionen (gekennzeichnet durch die Unfä-

higkeit, mit aggressiven Impulsen angemessen umzugehen. Da Aggressivität auf Grund frühkindlicher Erfahrungen in ihren Auswirkungen als katastrophal phantasiert werde, werde sie vom Über-Ich strikt unterbunden; das Glücksspiel habe somit unter anderem die Funktion eines »Sicherheitsventils«, um angestaute Aggressionen abreagieren zu können; sei die narzißtische Wut dennoch nicht zu bremsen, so erscheine sie nach außen hin als »diffuser Erregungszustand«).

Da sich also die Charakteristika des »idealen« Spielers weitgehend mit der Symptomatik der narzißtischen Persönlichkeitsstörung decken, ist für Schütte (1987, S. 135) generell von einer narzißtischen, phasenübergreifenden Grundstörung der Spielsüchtigen auszugehen. Der zentrale Stellenwert eines narzißtischen Selbstdefekts für die Genese des Spielsucht-Syndroms wurde in der Folge auch von weiteren psychoanalytischen Autoren herausgestrichen (siehe Windgassen & Leygraf, 1988 ; Haustein & Schürgers, 1988; Hübner, 1989).

Trotz der offensichtlichen Selbstwertproblematik der Spielsüchtigen, die Schütte (1985, 1987) treffend herausgearbeitet hat und die jeder Kliniker bestätigen kann, halte ich jedoch eine generelle Subsumtion der pathologischen Glücksspieler unter die diagnostische Kategorie der narzißtischen Persönlichkeitsstörung nach Kohut (1973) für sachlich falsch und unter differentialdiagnostischen wie therapeutischen Gesichtspunkten für wenig ergiebig.

Zur Begründung dieser Kritik möchte ich unter anderem auf Eagle (1988, S. 184) verweisen, der die von Kohut (1973, 1979) hervorgehobene Integrität der Selbst-Organisation als ein übergeordnetes Ziel aller Menschen ansieht und betont, daß sie auf verschiedenen Ebenen der Entwicklung, nicht nur den frühesten, angestrebt wird. Blanck & Blanck (1980, S. 184 f.) betrachten daher pathologischen Narzißmus nicht als stabil, sondern »als Resultat von Fehlbildungen, die an jedem beliebigen Punkt im Wachstumskontinuum auftreten können«. Gehe man von einem Entwicklungsschema aus, könne keine einzelne Phase oder Subphase der Kindheitsentwicklung als spezifischer Ort der narzißtischen Pathogenität bezeichnet werden. Der spezifische Ort der Verletzung führe vielmehr zu einer besonderen Färbung der beim pathologischen Narzißmus generell zu beobachtenden Störung der Realitätsprüfung im Bereich der Selbst-Objekt-Beziehungen (vgl. ebenda, S. 194).

> Bei narzißtischen Arrangements auf einer höheren Entwicklungsstufe besteht ein qualitativer Unterschied, obwohl das klinische Material der Verschlossenheit sie ähnlich erscheinen läßt. Hier ist nicht die Identität durch Verschmelzung bedroht, sondern die Intaktheit eines Arrangements, das nun als Abwehr gegen die Auseinandersetzung mit dem Objekt benutzt wird (ebenda, S. 195).

Wie Hoffmann & Hochapfel (1991, S. 147 f.) in diesem Zusammenhang feststellen, imponieren oftmals auch »klassisch« neurotische Störungen durch eine narzißtische Fassade:

> In der Praxis wird von manchen Kollegen ein Großteil aller Neurosen als narzißtisch klassifiziert, und dies geschieht nicht einmal ohne Berechtigung, denn bei welcher Neurose wäre nicht das Selbstgefühl in irgendeiner Form betroffen?! Persönlichkeitstendenzen wie schizoider Rückzug oder hysterisches Agieren, depressive Introvertiertheit und zwanghafte Selbstgenügsamkeit sind in ihrer Psychodynamik genauso narzißtisch wie die Symptombilder, die sich aus solchen Grundpersönlichkeiten entwickeln. Im Kern geht es ... um Versuche, um unbefriedigende und unzureichende Versuche, zu einem besseren Selbstgefühl zu gelangen. Sie alle als »narzißtische« zu diagnostizieren ist von der Klassifikation her so unsinnig, wie es von der Psychodynamik her zutreffend ist.

Lassen sich also narzißtisch anmutende Symptombilder nicht ausschließlich auf Selbst-Defekte im Kohutschen Sinne und nicht auf bestimmte Phasen oder Subphasen der kindlichen Entwicklung eingrenzen, so muß nach neuerer psychoanalytischer Sichtweise auch generell eine regelhafte Beziehung von bestimmten psychopathologischen Symptomen oder Syndromen zu spezifischen Konflikten verneint werden (vgl. Fürstenau, 1986, S. 413). Hoffmann & Hochapfel (1991, S. 60) merken hierzu an, daß zwar eine gewisse Impulsspezifität für bestimmte Konflikte und Neurosen bestehe, diese jedoch keineswegs starr oder obligat sei. Da im Prinzip bei jeder Neurosenform jeder Abwehrmechanismus auftreten könne, dürfe man korrekterweise nur von einer relativen Dominanz einzelner Abwehrformen sprechen (vgl. ebenda, S. 60).

Ein bestimmtes symptomatisches Bild kann offensichtlich auch nicht nur variabel bei Störungsformen und Konflikten des gleichen ich-strukturellen Niveaus auftreten, sondern auch auf einer niedrigeren Organisationsebene der Psyche. Der Zwangssymptomatik zum Beispiel begegnet man nach Mentzos (1984, S. 108) nicht nur bei Patienten mit analen Konflikten, sondern oftmals auch bei Depressionen oder beginnenden Schizophrenien. Auch die Konversions- und phobische Symptombildung, so Mentzos (ebenda), sei konfliktunspezifisch und könne eigentlich überall beobachtet werden. Ähnlicher Ansicht sind Blanck & Blanck (1989, S. 171), die feststellen, daß »hysterische Symptome, das wahre Urgestein der Freudschen Entdeckungen, tatsächlich auf allen Ebenen der Strukturierung vorkommen«. An anderer Stelle bringen Blanck & Blanck (1981, S. 122) den hier umrissenen Sachverhalt auf die knappe Formel, daß »alle Arten von Symptomen, einschließlich der üblicherweise als psychotisch betrachteten, sich auch bei normaler und neurotischer Struktur finden«.

Mentzos (1993, S. 229) weist hier auf das Phänomen des »Symptom- und Syndromwechsels« hin, das heißt des Aufeinanderfolgens oder Alternierens verschiedener Syndrome bei derselben Person:

> Beim Wechsel von diffusen Angstzuständen zu »reiferen« Phobien mag es noch angehen. Das »Umschlagen« aber einer Zwangsneurose in eine Schizophrenie (oder auch das wiederholte Alternieren zwischen beiden), der Wechsel zwischen Neurodermatitis und Psychose oder das Auftreten einer ausgeprägten Zwangssymptomatik bei hysteroid wirkenden Persönlichkeiten spotten dem Begriff der Krankheitseinheit als Basis für ein Klassifikationsmodell. Der konkrete Fall bzw. der konkrete Mensch läßt sich in keiner diagnostischen Schublade unterbringen!

Die einzelnen Konfliktverarbeitungsmodi sollten statt dessen, so schlägt Mentzos (1993, S. 230) vor, als im Prinzip überall mögliche *Verteidigungslinien* (Abwehr- und/oder Kompensations-»Taktiken«) angesehen werden, welche unter Umständen verlassen oder auch neu besetzt werden können. Die aufeinanderfolgenden oder alternierenden Symptomatiken sind dann nicht mehr als unabhängige »Krankheitseinheiten«, sondern »am sinnvollsten als dem Patienten jeweils mögliche *Reaktionsweisen* aufzufassen« (Hervorhebung im Original). »Man könnte diese Syndrome auch als die eben noch möglichen Gleichgewichtszustände ansehen, die später aufgegeben oder auch wieder errichtet werden können oder müssen (je nach den Möglichkeiten, welche die innere und äußere Situation bietet)« (Mentzos, 1992, S. 128).

Veränderungen der Abwehrstrategien sind, so Mentzos (ebenda, S. 130) weiter, oftmals dann erforderlich, wenn bestimmte psychosoziale Arrangements aus äußeren oder inneren Gründen auseinanderfallen. Objektive Veränderungen von Beziehungsgeflechten und Interaktionsmustern könnten gravierenden Einfluß auf den Wechsel der bisher praktizierten »Verteidigungslinie« der psychischen Abwehr haben; oftmals hätten sie in dieser Hinsicht einen regelrechten Auslösecharakter (vgl. ebenda, S. 131).

Vor dem Hintergrund der von mir in Unterkapitel 2.3 herausgearbeiteten Verschiedenartigkeit der mit der Spielsucht korrelierten psychischen Störungen kann das pathologische Glücksspiel meiner Ansicht nach in diesem von Mentzos (1993) beschriebenen Sinne als konfliktunspezifischer Abwehrmodus bzw. als »Verteidigungslinie« im Kontext spezifischer psychosozialer Arrangements verstanden werden. Haustein & Schürgers (1988, S. 277) zum Beispiel konnten im Zusammenhang ihres Therapieprojekts, in dem über 60 Spieler tiefenpsychologisch untersucht wurden (siehe Kapitel 2.3), typische Konstellationen und Ereignisse zu Beginn der Spielsucht-Symptomatik eruieren:

> a) Bei fast allen, 90% der Untersuchten, steht zu Beginn der Spielerkarriere ein »Riesengewinn«. Wenigen Mark Einsatz steht ein hundertfacher Gewinn gegenüber. »Ich ging nach Hause und zeigte stolz meiner Mutter mein Säckchen mit 5-DM-Stücken«, so ein Spieler im Erstinterview.
> b) In 50% finden sich Trennungs- oder Verlustsituationen. Beispiel: Herr A. fing an zu spielen, als sein 13jähriger Sohn im gerade neu erbauten Haus tödlich verunglückte.
> c) Der Beginn einer Ehe oder eheähnlichen Beziehung steht in 35% der Fälle am Beginn der Spielerkarriere …
> d) In 35% der Fälle beginnen die Patienten im zeitlichen Zusammenhang eines beruflichen oder ähnlichen Erfolges zu spielen.

Typische auslösende Situationen zur Spielsucht waren somit nach Haustein & Schürgers (ebenda, S. 278) Erfogserlebnisse und, in psychoanalytischen Termini ausgedrückt, Objektverluste/ Objektgewinne.

In den hierauf aufbauenden psychodynamischen Hypothesen beziehen sich Haustein & Schürgers (ebenda) auf das entwicklungspsychologische Modell des Loslösungs- und Individuationsprozesses nach Mahler et al. (1980). Da das epigenetische Entwicklungsmodell Mahlers die klinischen Konzepte der Psychoanalyse in den letzten drei Jahrzehnten maßgeblich beeinflußt hat, sei es hier kurz skizziert:

Mahler und ihre Mitarbeiter kamen aufgrund ihrer Beobachtungen von Mutter-Kind-Interaktionen am New Yorker Masters Children's Center in den sechziger Jahren zu dem Schluß, daß sich die »psychische Geburt« des Menschen in mehreren Schritten – vom 4./5. Lebensmonat an bis ca. zur Vollendung des dritten Lebensjahres – vollzieht (siehe Mahler et al., 1980). Zuvor jedoch müsse das Kleinkind die sogenannte »autistische Phase« und die »symbiotische Phase« durchlaufen[5]:

In der autistischen Phase bzw. in den ersten vier Wochen nach der Geburt sei der Säugling durch eine »Reizschranke« von der Außenwelt getrennt und zum größten Teil damit beschäftigt, mittels physiologischer Prozesse sein inneres homöostatisches Gleichgewicht aufrechtzuerhalten (siehe Mahler et al., 1980, S. 59-61). Der Säugling sei »in einer Situation, die dem pränatalen Zustand ähnelt, vor extremen Stimulierungen geschützt, um das physiologische Wachstum zu erleichtern« (ebenda, S. 59). Vom 2. Monat an beginne dann mit der Fähigkeit zur diffusen Wahrnehmung äußerer Stimuli die symbiotische Phase, die Mahler (ebenda, S. 63 f.) folgendermaßen beschreibt: »Das wesentliche Merkmal der Symbiose ist die halluzinatorisch-illusorische somatopsychisch *omnipotente* Fusion mit der Mutter und insbesondere die illusorische Vorstellung einer gemeinsamen Grenze der

5 Die Vorstellungen Mahlers und ihrer Mitarbeiter zur autistischen und symbiotischen Phase, die mit Freuds Konstrukt des »primären Narzißmus« (1914) konform gehen, sind jedoch nicht aus empirisch gewonnenen Daten, sondern aus psychoanalytischen Rekonstruktionen von psychotischen Borderline-Kindern und –Erwachsenen sowie aus Ergebnissen anderer analytischer Autoren abgeleitet (siehe Schüßler & Bertl-Schüßler, 1989, S. 276)

in Wirklichkeit physisch getrennten Individuen« (Hervorhebung im Original). Mertens (1990, S. 49) erläutert:

> Zu dieser Zeit kann das Kind noch nicht zwischen Innen und Außen, Selbst und anderen unterscheiden. Deswegen besteht auch ein weitgehend koenästhetisch gesteuertes Erleben des eigenen und des mütterlichen Körpers, die nicht getrennt voneinander erfahren werden können. Durch gemeinsames Spiegeln, Einstimmen und Abtasten mit Blicken inkorporiert der Säugling hierbei die mütterlichen Eigenschaften, Haltungen oder Erwartungen ... Für das Entstehen eines basalen Sicherheitsgefühls und grundlegender emotional-kommunikativer Fähigkeiten ist die gefühlsmäßige Bereitschaft vor allem der Mutter von äußerster Wichtigkeit.

Kognitive Reifungsprozesse lassen das Kind schließlich im 4./5. Lebensmonat seine eigene, von der Mutter getrennte Existenz gewahr werden und leiten die Loslösungs- und Individuationsphase ein. Mahler und ihre Mitarbeiter (1980, S. 72-155) unterteilen diesen frühen Individuationsprozeß nochmals in vier Subphasen: Differenzierung und Entwicklung des Körperschemas, Übungsphase, Wiederannäherungsphase und Konsolidierung der Individualität. Die wesentlichen Merkmale der Loslösungs- und Individuationsphase sowie zwei ihrer möglichen Komplikationen werden von Mahler (ebenda, S. 13 f.) wie folgt skizziert:

> Der normale Loslösungs- und Individuationsprozeß im Gefolge einer normalen symbiotischen Entwicklungsperiode führt dazu, daß das Kind fähig wird, in Gegenwart der Mutter und mit Hilfe ihrer emotionalen Verfügbarkeit ... als getrenntes Wesen zu funktionieren; dem Kind drohen ständig minimale Gefahren durch Objektverlust (die auf jeder Stufe des Reifungsprozesses vorhanden zu sein scheinen). Jedoch im Gegensatz zu traumatischen Trennungssituationen findet der normale Loslösungs- und Individuationsprozeß in einem Setting entwicklungsgerechter Bereitschaft zu unabhängigem Funktionieren und der Freude daran statt.
> Loslösung und Individuation werden als zwei einander ergänzende Entwicklungen begriffen: die Loslösung stellt das Auftauchen des Kindes aus der symbiotischen Verschmelzung mit der Mutter dar ..., und die Individuation besteht aus jenen Errungenschaften, die zeigen, daß das Kind seine individuellen Per-

> sönlichkeitsmerkmale als solche annimmt. Es handelt sich um miteinander verschlungene, doch nicht identische Entwicklungsprozesse; sie können in verschiedene Richtungen gehen, wobei sich auf einem Gebiet ein Entwicklungsrückstand, auf einem anderen Frühreife ergeben kann. So kann eine vorzeitige Entwicklung der Fortbewegung, die dem Kind die körperliche Trennung von der Mutter ermöglicht, zu einem Gewahrwerden des Getrenntseins führen, bevor innere Regulationsmechanismen ... als Bestandteile der Individuation die Mittel zur Verfügung stellen, mit diesem Gewahrwerden zurechtzukommen. Im Gegensatz dazu kann eine allgegenwärtige infantilisierende Mutter, die das angeborene Streben des Kindes nach Individuation – meist die autonome Fortbewegungsfunktion seines Ichs – stört, retardierend auf die Entwicklung des Kindes zur vollen Wahrnehmung der Differenzierung von Selbst und Anderem einwirken, obgleich seine kognitiven, perzeptuellen und affektiven Funktionen regelrecht oder gar vorzeitig entwickelt sein mögen.

Spieler haben nun oftmals, so Haustein & Schürgers (1988, S. 278), eine auf frühkindliche Defizite zurückgehende Sehnsucht nach der symbiotischen Beziehung zum primären Liebesobjekt. Diese Sehnsucht könne einerseits im Sinne einer Grundstörung bzw. »narzißtischen Lücke« im Patienten verankert sein. Traumatische Erlebnisse oder mangelnde narzißtische Spiegelung in der symbiotischen Phase hätten in diesem Fall die Individuation und psychische Reifung des Betroffenen schon in der frühen Kindheit erheblich erschwert. Andererseits könne die unbewußte Suche nach der Symbiose auch einen Fixierungspunkt darstellen, auf den der Patient von einer reiferen ich-strukturellen Ebene aus in Krisensituationen regrediere. Häufig sei auch – parallel zur Sehnsucht nach der Symbiose – eine massive Angst des Spielers vor einer solchen Beziehung zu beobachten: Die (unbewußt) phantasierte Dualunion mit der Mutter stehe dann nicht nur für eine Rückkehr »in den Schoß der Geborgenheit«, sondern auch für ihre Kehrseite, eine regressive Auflösung der Ich-Grenzen und Ich-Verlust.

Wie Haustein & Schürgers (1988, S. 278) weiter ausführen, induzieren die von ihnen eruierten Auslösemomente des pathologischen Glücksspiels im Spieler – aus besagtem Entwicklungsmangel oder regressiv – spezifische, um die symbiotische Pathodynamik gruppierte Ängste. So erzeuge der psychosoziale Auslöser »Objektverlust« beim Spieler die Angst, völlig losgelöst und ohne Beziehungen existieren zu müssen. Auch Erfolgserlebnisse könnten derartige Phantasien mobilisieren, da Erfolg hier auf einer unbewußten Ebene mit Selbständigkeit, Autonomie und Loslösung gleichgesetzt werde. Die auslösende Situation »Objektgewinn«, zum Beispiel der Beginn einer neuen Beziehung, mobilisiere dagegen die Angst vor einer Symbiose, weil Nähe für den Spieler mit dyadischer Verschmelzung und Ich-Aufgabe assoziiert sei.

Das pathologische Glücksspiel stellt nach Haustein & Schürgers (ebenda, S. 278) in den von ihnen beschriebenen Krisensituationen (Erfolg, Objektverlust, Objektgewinn) – je nach ichstruktureller Ausgangslage – einen Selbstheilungsversuch oder eine Konfliktlösungsstrategie dar: Für beide Patientengruppen biete der Geldspielautomat als unbelebtes Objekt vorübergehende Symbiose mit klaren Grenzen an, da das Spiel mit Sicherheit zu Ende gehe: entweder aus Geldmangel oder wenn die Halle schließt. Dem Spiel folge jedoch unausweichlich innere Leere und Wut, zum Teil auf die Automatenhersteller, zum Teil auf sich selbst. Die hiermit verbundenen Schuldgefühle würden dann anschließend durch narzißtischen Rückzug kompensiert, der zu einer Wiedererstarkung der ursprünglichen Depressivität führe. Die Rückkehr zur symbiotischen Beziehung mit dem Geldspielautomaten sei dann der erneute, immer wieder scheiternde Versuch einer Kompensation der zurückgekehrten Negativgefühle. »Damit ist der Circulus vitiosus vollständig« (Haustein & Schürgers, 1988, S. 278).[6]

6 Eine ähnliche Pathodynamik der Spielsucht beschreibt Kind (1988): Der Automatenspieler strebe durch eine Steigerung des Risikos zunächst »immer höher hinaus«, um dann aber alles zu verlieren und »abzustürzen« (ebenda, S. 118). Zu erklären sei diese intrapsychische Pendelbewegung durch zwei entgegengesetzte, das Ringen mit der symbiotischen Mutter ausdrückende Strebungen:
»a) Die Angst, bei zu großer Objektannäherung mit dem ›verschlingend‹ erlebten Objekt zu verschmelzen, ruft eine zentrifugale Bewegung hervor, mit der das Subjekt das Ziel verfolgt, eine möglichst große Entfernung zwischen sich und Objekt zu legen ... Im Zuge

Die beiden von Haustein & Schürgers (ebenda, S. 278) unter psychodynamischen Gesichtspunkten differenzierten Subgruppen pathologischer Spieler (»narzißtische Lücke« versus Regression im Rahmen einer Konfliktlösungsstrategie) stimmen annähernd mit der auch von Meyer (1991) und Bellaire & Caspari (1989) vorgenommenen Einteilung der Spielsüchtigen in schwerere Persönlichkeitsstörungen (bzw. -auffälligkeiten) einerseits und eher »leichte« Neurosen oder Anpassungsstörungen andererseits überein. An anderer Stelle werden die beiden Spieler-Typen von Schürgers & Haustein (1988, S. 193) ausführlicher beschrieben:

1. Spieler mit schweren ich-strukturellen Defiziten, bei denen sich eine frühe Störung der Persönlichkeitsentwicklung findet.
Das Spiel steht hier im Zusammenhang mit verschiedenen, unzureichend entwickelten Ich-Funktionen, u. a. einer stark verminderten Realitätskontrolle sowie schwach ausgeprägter Frustrationstoleranz mit der Neigung zum Rückzug auf einen kindlich-narzißtischen Zustand.
Identität und Selbstwert des Spielers sind äußerst labil und bedürfen der dauernden Stabilisierung von außen, im Sinne einer Abhängigkeit von narzißtischer Zufuhr. Die Betroffenen wenden sich weitestgehend von den versagenden frustrierenden Realitäten ab und ziehen sich in eine phantasierte Welt der Großartigkeit vor den Automaten zurück.
Spieler dieser Gruppe haben meist persönlich und beruflich wenig Erfolg, sind kaum beziehungsfähig und reagieren auch auf geringfügige Versagungen, Frustrationen und Mißerfolge mit Rückzug. Die Beziehung zur Maschine und die Beschäftigung mit dem Spiel kann sämtliche Lebensbereiche durchdringen und alle anderen Beziehungen verdrängen – der Realitätsbezug geht immer mehr verloren. Der Betroffene ist kaum fähig,

dieser zentrifugalen Bewegung wird eine andere Angst erzeugt, nämlich die Angst, bei zu großer Entfernung das Objekt zu verlieren.
b) Diese zweite Angst, die Angst vor Objektverlust, leitet eine zentripetale Gegenbewegung ein. Dadurch kommt es zu einer Wiederannäherung an das Objekt. Dieser Annäherungsvorgang wiederum wird gebremst von der parallel zu ihm anwachsenden, beschriebenen Angst vor Objektverschmelzung und der Kreisprozeß beginnt von neuem [Hervorhebungen im Original]« (ebenda).

Schuldgefühle zu entwickeln. In der spielfreien Zeit überkommt ihn daher ein Gefühl der Leere und Gleichgültigkeit.

2. Spieler, die exzessiv und ruinös spielen, bei denen es aber überwiegend um einen Konfliktlösungsversuch im Rahmen einer neurotischen Problematik geht.

Das Spiel ist Symptom einer Neurose unterschiedlicher Prägung und dient dem Erhalt der psychischen Stabilität. Es geht häufig um den Versuch einer zwar ruinösen, ansonsten aber »gefahrlosen« Spannungs- und Aggressionsabfuhr vor dem Automaten, wobei die Auseinandersetzung mit realen Personen nicht gewagt wird.

Ähnlich wie bei den Spielern der Gruppe 1, jedoch in deutlich geringerem Ausmaß, spielt auch hier der Versuch einer narzißtischen Selbstwertregulation eine Rolle. Nach Kränkungen und Versagungen wird der Automat aufgesucht, um durch Phantasieren der eigenen Macht und Großartigkeit das verletzte Selbstwertgefühl wieder zu stabilisieren.

Wenn Selbstbestrafungstendenzen im Zusammenhang mit Schuldgefühlen zentral sind, spielen die Betroffenen besonders im Anschluß an persönliche und berufliche Erfolgserlebnisse.

Spieler dieser Gruppe sind in der Mehrzahl der Fälle beruflich durchaus erfolgreich, bindungsfähiger und weniger isoliert als Spieler der Gruppe 1.

Insgesamt sind sie noch realitätsbezogener, die Fähigkeit der Realitätskontrolle ist vorübergehend während des Spiels am Automaten deutlich reduziert, setzt aber mit Beendigung des Spiels und Verlust allen Geldes wieder ein. Die spielfreien Phasen sind gekennzeichnet von eher depressiver Stimmung und Schuldgefühlen wegen der Auswirkungen des Spiels.

Eine dritte von Schürgers & Haustein (ebenda, S. 194) in Rahmen ihrer Untersuchung isolierte Subgruppe pathologischer Spieler, die »im Rahmen einer kurzfristigen Krise oder schwierigen persönlichen Situation exzessive Spielphasen« hat, wird von den Autoren hauptsächlich auf das vorübergehende Spiel Jugendlicher in Reifungs- und Orientierungskrisen eingeschränkt (vgl. ebenda, S. 194). Es handelt sich bei dieser Gruppe also kaum um ein Automatenspiel, welches sich nach dem von Meyer & Bachmann (1993) entwickelten Phasenmodell dem »Suchtstadium« zuordnen läßt.

Ich kann aufgrund meiner eigenen klinischen Erfahrungen mit Spielsüchtigen die von Schürgers & Haustein unter tiefenpsychologischen Aspekten vorgenommene Differenzierung der pathologischen Spieler nur unterstreichen. Meinen Beobachtungen zufolge weisen auch ihre Ausführungen zur Psychodynamik der Automatenspielsucht in die richtige Richtung. Das Theorem von der symbiotisch determinierten Pendelbewegung des Spielers vor dem Geldspielautomaten vernachlässigt jedoch, und hier setzt meine Kritik ein, den von Freud (1928) und Bergler (1936, 1958) so hervorgehobenen autoaggressiven Aspekt des ruinösen Spielverlusts. Wer jemals süchtigen Automatenspielern bei der Beschreibung ihres Gefühlsspektrums während exzessiver Spielphasen zugehört hat, wird sich des Eindrucks eines Kriegsschauplatzes mit grandiosen Siegen, auf die letztlich aber immer wieder »vernichtende« Niederlagen folgen, nicht erwehren können. Berglers (1958) Begriff der »masochistischen Neurose« scheint mir daher für viele pathologische Spieler im Suchtstadium eine adäquatere Beschreibung der Pathodynamik zu sein als die einseitige Betonung der narzißtisch-symbiotischen Hintergründe des Glücksspiels.

Da Mahlers Vorstellungen zur »autistischen« und »symbiotischen« Phase der frühkindlichen Entwicklung in den letzten Jahren viel Kritik durch die psychoanalytisch orientierte Säuglingsforschung erfahren haben (siehe zum Beispiel Lichtenberg, 1991; Stern, 1992), wären des weiteren auch die entwicklungspsychologischen Grundlagen des Spielsuchtmodells von Haustein & Schürgers zu überprüfen. Meiner Ansicht nach – um das Ergebnis dieser kritischen Betrachtung im Kern vorwegzunehmen – kann Mahlers Theorie des Loslösungs- und Individuationsprozesses nicht mehr ohne entscheidende Modifikationen zur epigenetischen Fundierung klinischer Konzepte herangezogen werden.

Ich werde daher in den nächsten beiden Unterkapiteln, wie in der Einleitung bereits angekündigt, ein eigenes psychodynamisch-differentielles Modell des pathologischen Glücksspiels entwickeln. Es wird zum einen das von Haustein & Schürgers entwickelte Verständnis der Automatenspielsucht als einer dyadisch strukturierten, auf der Basis unterschiedlich schwerer ich-struktureller Defizite »einsetzbaren« Verteidigungslinie übernehmen. Andererseits jedoch wird es den von mir genannten Kritikpunkten dadurch Rechnung tragen, daß es die psychoanalytischen

Theorieansätze Wurmsers (1983, 1987, 1991, 1994) und Kernbergs (1981, 1988, 1990) sowie die Ergebnisse der neueren Säuglings- und Emotionsforschung hinzuzieht.

3.2 Die Rolle der frühen Objektbeziehungen und der Affekte bei der Genese schwerer Neurosen

Bevor ich im folgenden auf die Ausführungen Wurmsers (1987, 1994) zur Genese der schweren Neurosen eingehe, werde ich einen kurzen Überblick über die wichtigsten Veränderungen theoretischer Grundannahmen geben, die derzeit auf Grund der neueren Säuglings- und Emotionsforschung innerhalb der Psychoanalyse diskutiert werden:

Da zunehmend Diskrepanzen zwischen bestimmten entwicklungspsychologischen Annahmen der Psychoanalyse[7] und realen Kinderbeobachtungen festgestellt worden waren, hatte sich die Säuglingsforschung von Anfang an auf die vermuteten intrapsychischen Auswirkungen *tatsächlicher* Interaktionen zwischen Kleinkind und Betreuungsperson konzentriert (vgl. Baumgart, 1993, S. 275). Wie Bohleber (1991, S. 741 f.) zusammenfaßt, stellte die zumeist mit großem technischen Aufwand betriebene Erforschung einzelner frühkindlicher Interaktionsabfolgen vor allem die psychoanalytischen Annahmen der anfänglichen Passivität des Säuglings, der anfänglichen Undifferenziertheit von Selbst- und Objektvorstellungen sowie der Spannungsabfuhr als primärem Regulationsprinzip in Frage[8]:

7 Zum Beispiel der Vermutung Mahlers, daß der Säugling aus einer halluzinatorischen Phantasiewelt allmählich zur Realität findet (vgl. Mahler et al., 1980, S. 57-155).

8 Ausdrücklich verweisen möchte ich an dieser Stelle auf Michael Balint, der schon vor sechzig Jahren dem damals in der Psychoanalyse gängigen Dogma des primären Narzißmus sein Konzept der »primären Liebe« entgegengehalten hatte. Statt einer monadischen Abgeschlossenheit des Säuglings konstatierte Balint für die ersten Lebensmonate eine sowohl biologisch als auch libidinös geprägte intensive Bezogenheit des Kindes zu seiner Umwelt (vgl. Balint, 1937/1966, S. 106 f.).

> Es entstand ein anderes Entwicklungsparadigma: die Mutter-Kind-Dyade als ein sich entwickelndes interaktionelles System, in dem jeder Partner über selbständige Kompetenz verfügt, das Verhallten des anderen zu beeinflussen. Nach den Befunden der Säuglingsforschung ist der Säugling kein passiver Empfänger von Befriedigungs- und Pflegeleistungen, sondern von Anfang an aktiv und auf der Suche nach Stimuli, um seine präformierten Fähigkeiten entwickeln zu können. Er verfügt über eine angeborene »social responsiveness«. Dadurch wird eine fein abgestimmte gegenseitige Reziprozität zwischen Mutter und Kind ermöglicht, die zusammen mit den Regulationsstrategien, die sich für die verschiedenen Zustände des Säuglings ausbilden, ein je einmaliges Mutter-Kind-System schafft, dem allmählich die individuelle psychische Struktur des Kleinkindes entwächst. (Ebenda, S. 742)

Wie Stork (1986, S. 27 f.) ausführt, wurden durch diese Erkenntnisse die Konstrukte des primären Narzißmus (Freud, 1914) sowie die Phasen des »normalen« Autismus und der Symbiose (Mahler et al., 1980, siehe letztes Kapitel) schwer erschüttert. Verwunderlich sei dies nicht, merkt Dornes (1993, S. 51) ergänzend in seiner Übersichtsarbeit zur Säuglingsforschung an. Die von Mahler postulierte Phase des postnatalen Autismus sei nämlich von Anfang an eine »metapsychologische Spekulation« ohne empirischen Rückhalt gewesen (ebenda):

> Die Säuglingsforscher haben mittlerweile diese Phase studiert, und einige Befunde ... beziehen sich auf die ersten Lebenswochen. Diese Ergebnisse stützen nicht die Auffassung von der Existenz eines normalen infantilen Autismus. Versteht man unter Autismus den Mangel an Interesse für äußere Reize und die Unfähigkeit, diese differenziert wahrzunehmen, dann ist der Säugling in den ersten vier Wochen sicher *nicht* autistisch. Erstens ist er zu erstaunlich differenzierten Sinneswahrnehmungen in allen Sinnesmodalitäten und sogar zu deren Koordination in der Lage, und zweitens ist klar, daß er die Außenwelt nicht nur wahrnehmen kann, sondern auch wahrnehmen will. Reize wecken sein Interesse, sie werden aktiv gesucht, verarbeitet und wahrgenommen (Hervorhebung im Original).

In Anbetracht der Ergebnisse der Säuglingsforschung sei, so Dornes (1993, S. 75) weiter, auch Mahlers Konzept der frühkindlichen Symbiose nicht mehr aufrechtzuerhalten. Der Säugling sei nicht symbiotisch in dem Sinne, daß er die Umwelt nur verschwommen wahrnehme, noch sei er symbiotisch in dem Sinne, daß seine Interaktionen mit der Mutter überwiegend undifferenzierter oder passiver Natur seien. Darüber hinaus sei er auch nicht symbiotisch in dem Sinne, daß er Phantasien über Verschmelzung mit der Mutter haben könnte. Das bisher von der Säuglingsforschung zusammengetragene Wissen über den Prozeß der Symbolbildung mache es vielmehr unwahrscheinlich, daß es solche Phantasien oder gar psychische Repräsentanzen vor dem Alter von 1 ½ Jahren überhaupt gibt (ebenda, S. 69). Mit Stern (1992) könne zwar festgestellt werden, daß der Säugling von Anfang an über ein basales, sich in mehreren Stufen weiterentwikkelndes Selbstempfinden verfüge; dieses sei jedoch bis zum Alter von ca. 15 bis 18 Monaten noch nicht bewußt im Sinne eines reflexiven Ich-Bewußtseins oder voll ausgebildeter psychischer Selbst-Repräsentanzen (Dornes, 1993, S. 88). Baumgart (1991, S. 783) erläutert:

> Es fehlen nämlich beim Säugling alle realitätsangepaßten Handlungen, zu deren Durchführung symbolische Repräsentanzen notwendig sind. Das Kind ist zum Beispiel nicht in der Lage, längere Handlungssequenzen zu planen, es kann nicht in Abwesenheit einer Person diese imitieren etc. Ausgehend vom Verhaltensrepertoire des Kindes im ersten Lebensjahr muß man also annehmen, daß es noch keine symbolischen Repräsentanzen aufbauen und aufrechterhalten kann: Alles, was das Kleinkind im ersten Lebensjahr tut, ist auch ohne symbolische Repräsentation zu bewerkstelligen. Lichtenberg (1991) spricht daher von einer »biologischen, neurophysiologischen und verhaltensbezogenen Stufe der Organisation« ohne symbolische Repräsentation, auf deren Grundlage der Säugling im ersten Lebensjahr lebt und erlebt. Was der Säugling im Umgang mit der äußeren Realität nicht benutzt, das kann man nicht in seinem erschlossenen Innenleben vermuten: Indem Mahler u. a. (1980) dem Säugling also einerseits eine verschwommene und unklare Wahrnehmung, andererseits aber die Fähigkeit zur symbolischen Repräsentation zuschreiben, täuschen sie sich zweifach, da sie die kindlichen Fähigkeiten sowohl *unter-* als auch *über*schätzen (Hervorhebungen im Original).

Die Stärke von Mahlers Ansatz liegt für Baumgart (1991, S. 798) jedoch nach wie vor darin, daß er die Schwierigkeiten aufzeigt, die sich mit der Loslösung des Kindes aus dem interaktionalen Rahmen ergeben. Erst dann, mit der zunehmenden Fähigkeit zur symbolischen Repräsentation, »kann das, was als Zustand Vergangenheit ist und was in Form präsymbolischer Strukturen im Individuum vorliegt, zu symbiotischen Wünschen und Individuationswünschen werden« (ebenda, S. 792). Folglich können sich auch erst zu diesem Zeitpunkt vergangenene Situationen, wie zum Beispiel eine überwiegend mißglückte Mutter-Kind-Dyade, in potentiell symbolisierbaren Gedächtnis- und Bedürfnisstrukturen niederschlagen und bewußt geäußert oder unbewußt szenisch dargestellt werden (ebenda). Was Mahler als »Fortbestehen der Symbiose« auffasse, lasse sich als Wunsch nach der Wiederherstellung einer verlorenen Eindeutigkeit und Einheitlichkeit des Beziehungserlebens verstehen. Das »verlorene Paradies« sei aber nicht die (phantasierte) Grenzenlosigkeit zwischen Subjekt und Objekt, sondern die besonders unmittelbare und affektiv geprägte Kommunikation in der Frühzeit des Lebens.

> Das Kennzeichen einer guten Mutter-Kind-Beziehung ist, daß intensive Affekte von der Mutter moduliert werden. Diese beseitigt sie zwar nicht gänzlich, wohl aber ihre übermäßige Dauer. Auf diese Weise erwirbt das Kind Toleranz für Affektspannungen, denn es hat erfahren und gelernt, daß bald Abhilfe geschaffen wird. Der disruptive Charakter heftiger Affekte wird so gemildert. Nur wenn das nicht der Fall ist, entstehen fragmentierte oder konfundierte Selbst- und Objektempfindungen, die dann aber kein normaler Zustand und Bestandteil einer normalen Entwicklungsphase sind, sondern entweder nur temporäre Erscheinungen ohne Langzeitwirkung oder dauerhafte Entgleisungen, entstanden aufgrund ständiger affektiver Überlastungen.

Mit gegensätzlichen affektiven Valenzen ausgestattete Selbst- und Objektrepräsentanzen im Sinne konkreter Phantasien sind dem Kleinkind jedoch – ähnlich wie die symbiotischen Verschmelzungsphantasien – erst ab dem Alter von ca. 18 Monaten möglich, wenn es die vorangegangen Traumatisierungen symbolisch repräsentieren und damit in Abwehrmechanismen binden kann (siehe Lichtenberg, 1987, S. 131). Erst zu diesem Zeitpunkt nämlich kann das Kind auf die zur Spaltung nötigen psychischen Mechanismen wie Kategorisierung (Sekundärprozeß), Verdichtung und übermäßige Verallgemeinerung (Primärprozeß) zurückgreifen (siehe ebenda).

Damit die frühen Mutter-Kind-Interaktionen nicht in dem hier beschriebenen Sinne entgleisen, ist vor allem ein Klima *positiver* affektiver Abstimmung, die sogenannte »Inter-Affektivität« (Stern, 1992) erforderlich. Stern (ebenda, S. 190), konnte diesbezüglich durch seine Untersuchungen bestätigen, daß Affekte in der frühen Kindheit sowohl das primäre Medium als auch das primäre Thema der Kommunikation sind. Die affektive Beziehungsqualität zwischen Säugling und Betreuungsperson kann somit als die erste und in ihrer Unmittelbarkeit wichtigste Form subjektiven Erlebens bezeichnet werden.

Nach Schüßler & Bertl-Schüßler (1992, S. 109) herrscht auch unter den anderen maßgeblichen Säuglings- und Affektforschern mittlerweile Konsens über den adaptiven und organisierenden Charakter der Affekte in der frühen Kindheit. Affekte würden nun mehr als Aktivatoren und Organisatoren des Verhaltens denn als pathologische Wirkkräfte angesehen. Zwar bestehe noch keine Einigkeit über die Anzahl der grundlegenden Affekte, an ihrer biologischen Bedeutung und ihrer Angeborenheit bestehe jedoch kein Zweifel mehr (vgl. ebenda).

Krause (1983, S. 1017), der zur Zeit wohl bedeutendste Emotionsforscher mit psychoanalytischer Orientierung im deutschen Sprachraum, bestreitet in diesem Zusammenhang das sowohl bei den psychoanalytischen Entwicklungstheoretikern als auch in der akademischen Entwicklungspsychologie lange Zeit vorherrschende Modell der Affektentwicklung. Dieses sah, knapp zusammengefaßt, eine Heranreifung der differenzierten Affekte aus einer diffusen Lust-/Unlustmatrix heraus vor. Nach Krause (1988, S. 80 f.) verfügt der Mensch jedoch über ein phylogenetisch erworbenes, biologisch präprogrammiertes und von Anfang an differenziertes System von Primäraffekten (zum Beispiel Interesse, Freude, Überraschung, Trauer, Furcht, Ekel und Wut). Diese könnten in ihrem ursprünglichen Sinne als Lokomotionswünsche zwischen dem Selbst und dem Objekt aufgefaßt werden (das »Objekt« kann nach diesem Verständnis durchaus im eigenen Körper angesiedelt sein). Affekte haben demnach laut Krause (ebenda, S. 80) die Struktur von Propositionen, in der es ein Selbst, ein Objekt und eine gewünschte Interaktion zwischen dem Selbst und dem Objekt gibt:

> Negative Affekte sind Wünsche nach veränderter Objektbeziehung, positive nach der Fortführung einer gerade bestehenden. Man kann darin die interaktiven Komponenten von negativen und positiven Rückkoppelungen sehen. So kann Freude als Wunsch, dem Objekt dadurch näher zu kommen, daß die Distanz zwischen dem Objekt und dem Selbst durch eine Lokomotion des Selbst zum Objekt verringert wird, charakterisiert werden. Im weiteren signalisiert Freude den Wunsch nach der Fortsetzung einer aktuellen Aktivität und ist demgemäß einer der mächtigsten Reinforcer für andere, die wir haben. Grundsätzlich kann man zeigen, daß der motorisch-expressive Anteil aller Primäraffekte zu Konditionierung benutzt werden kann … Ihr Ausfall bedeutet, daß wir ein wesentliches Steuerungs- und Verführungsmittel verloren haben.

Das Kennzeichnende des *frühkindlichen* Affektsystems scheint dabei nach Krause (1983, S. 1029) zu sein, daß es zwar selbst Signale produzieren kann, die Ausführungshandlungen jedoch ein anderer übernehmen muß. Mit zunehmender Reifung entwickle das Kind dann, wie vor allem auch Stern (1992) herausgearbeitet hat, die motorischen und kognitiven Fähigkeiten zur eigenen Steuerung und Regulierung der Affekte. Mit dem Beginn der Symbolisierungsfähigkeit in der Phase des »verbalen Selbst« (Stern, ebenda, S. 231-258) sei es schließlich in der Lage, Affektqualitäten selbständig als intrapsychisches Signalsystem zu nutzen. Affekte würden nun, da Handlungen und Wahrnehmungen phantasiert werden können, in fortschreitendem Ausmaß mit symbolisch verschlüsselten Handlungssequenzen verknüpft bzw. symbolisch encodiert (siehe hierzu auch Dornes, 1993, S. 127 f.). Erst ab diesem Zeitpunkt sei also eine rein intrapsychische Affektauslösung mit Signalcharakter, wie sie Freud (1926) am Beispiel der Angst beschrieben hat, möglich.

Krause (1983, S. 1032) weist bei der Darstellung der zentralen Rolle der Affekte für die frühe Mutter-Kind-Interaktion auch auf die Begriffsverwirrung in Psychologie und Psychoanalyse bezüglich des Unterschieds zwischen Trieben und Affekten hin. Sie rühre vor allem daher, daß man sich als Beispiele für die Analyse von Triebabläufen Handlungsketten herausgesucht habe, die gar keine Triebabläufe seien, zum Beispiel den Schmerz und die mit der Sexualität verbundenen Gefühle. Auch der Affekt der »Wut« mit seinem korrespondierenden Handlungsprogramm sei als Trieb mißverstanden worden. *Alle* distanzregulierenden Mechanismen seien jedoch Affekte und nicht Triebe (vgl. ebenda, S. 1033).

Mertens (1992, S. 260) merkt hierzu ergänzend an, daß die Affekte nicht – wie Freud noch angenommen hatte – Triebmanifestationen sind, sondern ein relativ selbständiges Kontrollsystem des Verhaltens darstellen:

> Handlungen werden durch affektive Reaktionen ausgelöst, die durch bestimmte – tatsächliche oder vorgestellte – Ereignisse hervorgerufen werden. Das Gefühl des »Getriebenseins«, das wir dabei erleben können, ist eine Manifestation der jeweils ausgelösten Affektintensität.

In Anbetracht der offensichtlichen, nunmehr durch die Säuglings- und Emotionsforschung untermauerten Schlüsselrolle der Affekte bei der Verknüpfung von Kognitionen und Handlungen fordert Sandler (1982, S. 67) eine grundlegende Revision der psychoanalytischen Motivationstheorie: »Eine psychoanalytische Psychologie der Motivation, die auf die Regulierung von Gefühlszuständen bezogen ist, sollte ... an die Stelle der Psychologie treten, die sich auf das Konzept der Triebabfuhr gründet.«

Ich möchte daher, bevor ich im folgenden zur der Bedeutung der psychoanalytisch orientierten Säuglings- und Emotionsforschung für psycho*pathologische* Phänomene übergehe, in knapper Form – angelehnt an Ciompi (1986) und Krause (1990) – einige grundlegende Überlegungen zu einer (möglichen) affekt- *und* tiefenpsychologisch orientierten Motivationstheorie anstellen.

Phylogenetisch betrachtet, sind Affekte als primäres, aus den Instinkten heraus entstandenes Signalsystem höher entwickelter Lebensformen zu verstehen (siehe Krause 1990, S. 638 f.). Der entscheidende Vorteil des Affektsystems gegenüber den Instinkten bestand dabei offensichtlich darin, daß der soziale Signalanteil (Mimik, körperlicher Ausdruck, Vokalisierungen) von der motivationalen Ausführungshandlung entkoppelt wurde:

> Die Benutzung des Zeichens zieht also [bei den Affekten im Gegensatz zu den Instinkten – der Verf.] nicht notwendigerweise die Auslösung des entsprechenden Verhaltensprogrammes nach sich. Der Gewinn dieser Entkoppelung besteht darin, daß ein Moratorium für innere und weitere kommunikative Prozesse entsteht. Ohne diese biologische Entkoppelung von Ankündigung und Ausführungshandlung wäre der soziale und motivationale Freiraum für intelligentes soziales Problemlöseverhalten nicht entstanden. Solange die Lebewesen, zu welchen Zwecken auch immer, nicht kooperierten, bestand keine Notwendigkeit für eine Zeichenentwicklung. (Krause, 1990, S. 638)

Ciompi (1982, zit. nach Krause, ebenda, S. 639) stellt hierzu treffend fest: »Jedes Ausdruckssystem schafft Bewußtheit, weil es nicht die Handlung oder die Sache selbst ist, sondern ein Zeichen derselben. So ist der Affektausdruck das Vermittlungsscharnier zwischen konkreter Aktion und abstrakter Vorstellung.« Affekte dienten daher in den Ursprüngen der Menschheit vor allem der Bewußtwerdung von Intentionen und somit auch der Verhaltensökonomisierung und innerartlichen Schadensminimierung. In der durch das Zusammenleben in kleinen Gruppen, Kinderaufzucht und gegenseitige Kooperation gekennzeichneten Lebenswelt des Frühmenschen waren sie somit »paradigmatische Formen der Objektbeziehungsregulierung von hohem Überlebenswert« (Krause, 1990, S. 639).

Der wichtigste Unterschied des Affektsystems zum phylogenetisch wesentlich jüngeren Denken ist nach Ciompi (1986, S. 380) sein direkter Bezug zum Körper: Gefühle sind, im Unterschied zum »reinen« Denken, durch biochemisch-humorale Prozesse zwangsläufig mit peripheren körperlichen Prozessen verbunden. Das Fühlen ist darüber hinaus, so Ciompi (ebenda) weiter, materieller, konkreter und ganzheitlich-synthetischer als das Denken. Es vollzieht sich relativ langsam und weist eine relative Invarianz bei vorwiegend synchron-simultaner, analogischer Arbeitsweise auf. Das Denken ist demgegenüber körperferner, abstrakter und vorwiegend »partikular-analytisch«. Es ist schnell, hat eine relative Varianz (Stichwort »Feinmodulation«) und arbeitet diachron-sequentiell. Ciompi (ebenda):

Zusammenfassend erscheint somit das Denken in vielerlei Hinsicht gewissermaßen als Gegenpol oder Gegen-Teil des Fühlens. Alles spricht dafür, daß es sich entwicklungsgeschichtlich als solches aus ersterem herausdifferenziert hat. Beide Erfassens- bzw. Erlebensweisen sind »Verarbeitung von Informationen«, oder, um mit Maturana zu reden, Reaktion des autopoietischen Gesamtsystems auf Deformationen, was gleichbedeutend ist mit Kognition in einem weiten Sinn. Sie verarbeiten Umweltreize in komplementärer Weise: Das Gefühl perzipiert in erster Linie Ganzheiten, das Denken Teile; aus ihrem regelhaften Zusammenwirken ergeben sich geordnete psychische Strukturen bzw. Systeme. In ihrem Zusammenspiel »orten« (bzw. *ordnen*) beide Erfassungsweisen die begegnende Wirklichkeit optimal ökonomisch wie zwei Schnittlinien einer Peilung: Das phylogenetisch ältere, körpernahe, deutlich trägere und unschärfere, aber viel umfassendere »Fühlsystem« auf der einen Seite verleiht dem entstehenden operationellen »Bild« der Wirklichkeit gewissermaßen Tiefe und Ganzheitlichkeit, während das phylogenetisch jüngere, körperferne, abstraktere, präzisere, aber auch viel punktuellere »Denksystem« zu seiner Schärfe beiträgt. Es ist klar, daß die resultierende »Tiefenschärfe« eminent im Dienst des Überlebens, das heißt der Autopoiese, steht (Hervorhebungen im Original).[9]

Die Psyche ist demnach als ein »affektiv-kognitives Bezugssystem« zu verstehen, in dem Gefühle und kognitiv-geistige Elemente als Niederschlag vergangener Erfahrungen zu einem »untrennbaren psychophysischen ›Schaltkreis‹ und Gesamtsystem« verschmolzen sind (Ciompi, 1986, S. 379):

9 Die beiden Neurobiologen Humberto Maturana und Francisco Varela benutzen den Begriff der »Autopoiese« (gr.: auto = selbst, poiein = machen) für ihre spezifische Sichtweise auf die Art, wie lebende Systeme ihren Umgang mit der Wirklichkeit regulieren, nämlich selbsterzeugend, selbstorganisierend und selbstreferentiell. Brocher & Sies (1989, S. 91 f.) fassen das Konzept der Autopoiese zusammen: »Die Organisation lebender Systeme ist operational geschlossen. Selbstreferentiell bedeutet, daß das neuronale Netzwerk in lebenden Systemen nur mit Informationen über seine eigenen Zustände arbeitet. Organisation und Struktur sind voneinander unterschieden. Die Organisation muß erhalten bleiben, um die Autopoiese aufrechtzuerhalten. Strukturen sind dagegen plastisch, wandelbar und in der Lage,

> Die internalisierten Fühl-, Denk- und Handlungsschemata entstehen aus der Aktion als Niederschlag der Erfahrung; sie aktualisieren sich im entsprechenden Kontext und kanalisieren damit künftige Gefühle, Gedanken und Handlungen gemäß den in der Vergangenheit angelegten Mustern. Mit anderen Worten, durch Aktion gebahnte affektiv-kognitive »Bezugssysteme« oder Funktionsabläufe stellen das eigentliche »Gedächtnis« dar; affektive Faktoren bestimmen dabei nicht nur weitgehend, was überhaupt beachtet und damit gespeichert wird, sondern sie organisieren auch in gleicher Stimmung Erlebtes zu zusammenhängenden affektiv-kognitiven Ganzen ... und spielen später wiederum bei der Öffnung oder Hemmung des Zugangs zu spezifischen Gedächtnisinhalten eine entscheidende Rolle. (Ebenda, S. 390)

Da das Affektsystem somit als zentraler Regulator geistiger Prozesse angesehen werden muß, sollte es meiner Ansicht nach auch in den Mittelpunkt psychopathologischer und psychotherapeutischer Konzepte gestellt werden. Ciompi (1986, S. 399) versteht psychopathologische Phänomene – aufbauend auf seinen allgemeinen Überlegungen zur »Affektlogik« – als »Gleichgewichtsverschiebungen« im affektiv-kognitiven Bezugssystem bzw. als »Distorsionen« zwischen dessen affektiven und kognitiven Komponenten:

> Bei abnormen Trauerreaktionen zum Beispiel sind oftmals bestimmte Affekte wie ausgestanzt aus den zugehörigen kognitiven Bezügen; bei Neurosen sieht man bereits ausgedehntere und länger dauernde Distorsionen zwischen gedanklichen Inhalten und Affekten (Verschiebung, Verdrängung, Verkehrung ins Gegenteil usw.). Bei manisch-depressiven Psychosen dagegen liegen sehr umfassende, aber zeitlich noch begrenzte abnorme Veränderungen in der emotionalen Färbung von nahezu allen kognitiven Strukturen vor. In schizophrenen Zustandsbildern schließlich beobachtet man entweder eine durchgehende Desorganisation in der gegenseitigen Zuordnung von Gefühlen

äußere Einwirkungen auszugleichen, das heißt, sie können Erfahrungen machen. Was allerdings eine äußere Einwirkung ist, entscheidet (selektiert) allein das lebende System« (Hervorhebungen im Original).

> und Gedanken oder aber in späteren Stadien eine kompensatorisch anmutende Überorganisation, zum Beispiel in Form eines rigiden Wahns oder einer fixierten »Affektverflachung« (Ebenda, S. 399 f.)

Krause (1990, S. 633) merkt hierzu prägnant an, daß »alle psychischen Störungen irgendwie Affektstörungen sind«. Von einem psychodynamischen Standpunkt aus gelte dies sowieso, da die mit jeder psychischen Störung einhergehenden Abwehrvorgänge letztlich ein Vermeiden von traumatischen Affekten seien. Gerade auch süchtige Verhaltensweisen – so möchte ich an dieser Stelle hinzufügen und damit wieder auf das zentrale Thema dieses Buches zurückkommen – stellen zumeist eine im Wiederholungszwang »verfangene« Abwehr unerträglicher Affekte dar.[10] Die Abwehr »stagniert« in ständiger Wiederholung der süchtigen Verhaltensweise, da dem Abhängigen seine traumatischen Emotionen auf Grund ihrer Intensität und ihrer (teilweise) präsymbolisch-frühkindlichen Genese in der Regel kognitiv unzugänglich sind. Therapeutische Strategien, die überwiegend auf mentale Prozesse oder gar die Willenskraft des Süchtigen abzielen, werden daher (wenn überhaupt) nur kurzfristige Erfolge erzielen. Effektiv kann eine Therapie der Sucht erst dann sein, wenn sie sich auch auf die unbewußt-affektive Ebene bzw. auf die jeweils individuelle Distorsion zwischen Affektsystem und symbolischen Prozessen konzentriert. Lichtenberg (1987, S. 129) fordert ein derartiges Vorgehen für die Psychoanalyse in bezug auf alle schweren psychischen Störungen:

> In der Psychoanalyse erhalten wir, indem wir jede affektive Äußerung beachten, Zugang zu den psychischen Erfahrungen des Analysanden. Damit setzen wir einen wesentlichen Austausch fort, der in allen menschlichen Interaktionen seit der Geburt vorhanden war. Zusätzlich können wir in der klinischen Situation, wenn wir kaum merklichen Signalen, die in komplexen kognitiv-affektiven Strukturen enthalten sind, Aufmerksamkeit

10 Die neuere Rückfallforschung hat zum Beispiel in den letzten Jahren nachweisen können, daß unerträgliche Gefühlszustände (Wut, Angst, Frustrationen) der mit Abstand stärkste Auslösefaktor für Rezidive der Suchtkrankheit sind (siehe etwa Schindler & Körkel, 1995, S. 68).

schenken, symptomatische Zustände analysieren, die mit bestimmten innerpsychischen Konflikten und Regulationsversagen zusammenhängen.

Ein derzeit auch in Europa vielbeachteter amerikanischer Psychoanalytiker, der sich der therapeutischen Bedeutung der Affekte vor allem für die süchtige Pathodynamik gewidmet hat, ist Léon Wurmser. Wurmser, der die Ergebnisse der Säuglingsforschung in seine neueren Arbeiten (1987, 1994) explizit einbezieht, sieht in massiven Affektregulationsstörungen das entscheidende Merkmal der »schweren Neurosen«, wie er die üblicherweise unter dem Begriff der »Frühstörung« zusammengefaßten Krankheitsbilder (Borderline-Persönlichkeitsstörungen, narzißtische Persönlichkeitsstörungen, Süchte, Perversionen etc.) bezeichnet. Er nimmt darüber hinaus an (1987, S. 323), daß Regulationsdefizite bezüglich des Affektsystems ein Grundkonstituens aller, auch der leichteren Neurosen sind:

> Ich glaube, daß Affektregulationsstörungen Teil jeder Neurose sind und daß es sich nicht um prinzipielle, sondern um *quantitative* Unterschiede handelt, wenn wir von milderen und schwereren Neurosen sprechen. Die *qualitativen* Differenzen beziehen sich vielmehr auf die verschiedenen Neurosentypen, die sich durch die Bevorzugung gewisser Lösungsversuche ... unterscheiden (Hervorhebungen im Original).

Schwere Neurosen entstehen nach Wurmser (ebenda, S. 322) in der Regel durch Traumatisierungen in der frühen, zum Teil noch präverbalen Kindheit. Die Traumata könnten sowohl in äußeren Verurteilungen und Brutalität als auch in völligem Verkennen oder Überstimulierung bestehen und zögen als wichtigste Folge den Zusammenbruch der kindlichen Affektregulation nach sich. Die hierdurch entstandenen unerträglichen und globalen Affekte (zum Beispiel Ekel, Wut, Scham, Schmerz oder Furcht) blieben im Laufe der kindlichen Entwicklung einer direkten symbolischen Regulierung nachhaltig entzogen und fänden deshalb nicht den »Anschluß an die Zeit« (ebenda, S. 321). Sie seien losgelöst von der Vergangenheit bewußter Erinnerungen und von der Zukunft planvoller Absichten und Willensmacht. Statt dessen bestimmen sie, wie Wurmser (ebenda) ausführt, die Gegenwart durch ihre überschwemmende Gewalt:

> Symbole – oder genauer: die Prozesse der Symbolisierung – sind aber Mächte, die eine Brücke aus der Vergangenheit in die Zukunft bauen. Affekte, die von der Symbolisierung abgetrennt oder aber nie an sie angeschlossen wurden, sind der Kontrolle durch das Ich, also der rationalen Beschlußfassung, entzogen und der Korrektur durch die Wirklichkeit unzugänglich.

Bleiben also die traumatisch bedingten Affektstürme aus Selbstschutz von der Einbindung in symbolische Prozesse ausgeschlossen, so haben sie nach Wurmser (ebenda, S. 320 f.) dennoch eine nachhaltige Wirkung auf den Strukturierungsprozeß der Psyche (Stichwort: »affektiv-kognitives Bezugssystem«, siehe oben). Ohne selbst symbolisch encodiert und damit kognitiv regulierbar zu sein, geben die traumatisch-hypertrophen Affekte den intrapsychischen Strukturen und auch den späteren Konflikten ein spezifisches, um unversöhnliche Polaritäten gruppiertes Gepräge: »Die wohl wichtigste und schwerste Folgeerscheinung solch massiver und unerträglich intensiver Affekte und Stimmungen ist die *besondere Schwere der Konflikte* [Hervorhebung im Original]« (ebenda, S. 325).

Als besonders entscheidende Phase für die Umwandlung und Bindung der archaisch-präsymbolischen Affektqualitäten in psychische Strukturen und Abwehrvorgänge sieht Wurmser (1987, S. 325) die von Mahler et al. (1980) beschriebene Loslösungs- und Individuationsperiode mit ihrer »revolutionären Aneignung der Symbolisierungsfähigkeit« an. Für eine Störung dieses vulnerablen Abschnitts der frühkindlichen Entwicklung ist nach Wurmser (1991, S. 11) vor allem eine Hypertrophie und Radikalisierung der selbstreflexiven Gefühle von »Scham« und »Schuld« verantwortlich.

Die selbstreflexiven Affekte wiederum sind nach Krause (1990, S. 679) Derivate verinnerlichter Primäremotionen und an die Fähigkeit zur intrapsychischen Symbol- und Strukturbildung gebunden (vgl. auch Krause, 1988, S. 81). Krause (1990, S. 679) führt aus:

> Scham ist der internalisierte Ekel einer Bezugsgruppe oder eines Objektes, zu dem man sich selbst als zugehörig rechnet. Wesentliche Teile des Selbst werden als nicht zum phantasierten Anderen passend erlebt, und das Selbst des anderen ist der Referenzpunkt. Depression ist die internalisierte Wut eines Objektes, das

man nicht verlassen kann, das man aber vertreiben möchte. Schuldangst ist die internalisierte Angst vor einem Objekt, das man fürchtet und nicht verlassen kann.

Die zuvor externen Konflikte werden nun also, mit der beginnenden Fähigkeit des Kleinkindes zur Symbolbildung, intern (strukturell) durch die selbstreflexiven Affekte und die parallel zu ihnen entstehenden Ich-Ideal- und Über-Ich-Vorläufer »ausgehandelt« (zum Beispiel Scham als Interaktion von Ich-Ideal und Ich und Schuldgefühl als Interaktion von Über-Ich und Ich). Das Über-Ich und das Ich-Ideal stellen somit internalisierte, verdichtete und affektiv hoch besetzte Aspekte früherer Beziehungen zu Realobjekten dar. Folglich werden bei einer ungenügenden präverbalen Affektregulierung und -abstimmung die Globalität und »Ungezähmtheit« der Primäremotionen nicht nur auf die selbstreflexiven Affekte, sondern auch auf das frühe Ich-Ideal und Über-Ich übertragen und geben ihnen, wie Wurmser (1987, S. 325) es ausdrückt, einen »massiven und archaischen« Charakter.

Der rigide Charakter dieser ersten, richtunggebenden Identifizierungen und Strukturen wird nach Müller-Pozzi (1985) zumeist noch verstärkt, wenn die primäre Betreuungsperson in der Loslösungs- und Individuationsphase ein unempathisches oder gar aggressives Verhalten gegenüber den kindlichen Autonomiebestrebungen zeigt. Das Kind empfindet dann die eigenen Individuationsimpulse als bedrohlich und entwickelt massive Trennungsangst und -schuld bzw. die Angst, die Liebe der Mutter zu verlieren (vgl. ebenda, S. 883). Da das Kleinkind seine grandiosen Hochgefühle bezüglich der ersten autonomen Verhaltensweisen mit seiner ablehnenden oder gleichgültigen Mutter nicht teilen kann, stellen sich darüber hinaus massive Schamgefühle ein (siehe Schore, 1991). Es kommt dann zumeist auf seiten des Kindes zu einer »*globalen Identifikation mit der versagenden Mutter* [Hervorhebung im Original], genauer: zu einer undifferenzierten, pathologischen Identifizierung mit den frustrierenden Aspekten der Mutter, und das kommt einer Unterwerfung des Kindes unter die Bedürfnisse der Mutter gleich« (ebenda, S. 885).

Die pathologisch-identifikatorische Unterwerfung des Kindes unter die versagende Mutter manifestiert sich nach Wurmser (1987, S. 99) schon in den frühesten Über-Ich-Strukturen und beinhaltet im Grunde eine »Doppelidentifizierung« (ebenda): Das Selbst werde durch eine parallel zur »Identifizierung mit dem Angreifer« erfolgende »Identifizierung mit dem Opfer« in einen dominierend-sadistischen Über-Ich-Teil und einen verachtet-masochistischen Ich-Teil gespalten. Die sadomasochistische Objektbeziehung werde so mitsamt ihren Affektstürmen verinnerlicht. Eine derartige Doppelidentifizierung, die Winnicott (1960/1984, S. 191) seinerzeit als »falsches Selbst« beschrieben hatte, stellt nach Wurmser (1994, S. 10) eine Abwehrstrategie nicht nur gegen die Angst vor dem Liebesverlust der versagenden Mutter, sondern auch gegen die massive Wut und Empörung des Kindes auf die Mißachtung seiner Person und seiner Bedürfnisse dar: Die reaktiven Aggressionen, die das Kind als mörderisch und äußerst bedrohlich phantasiert, werden durch die Integration in das Über-Ich gegen das eigene Selbst gewendet und damit »unschädlich« gemacht. Wurmser (ebenda): »Die Grausamkeit der Mißhandlung ist nun zu einem Teil des Über-Ichs geworden – parallel zur Wendung des eigenen Zorns und der Verachtung gegen das Selbst: der moralische Masochismus.«

Die Abwehr der Trennungsangst und der reaktiven Wut durch ein »falsches Selbst« – bzw. durch ein archaisches, verbietendes Über-Ich im Verbund mit masochistischen Ich-Anteilen – ruft in dem Kind nach Wurmser (ebenda, S. 11) jedoch zwangsläufig ein tiefes Gefühl von Ohnmacht und des hilflosen Ausgeliefertseins hervor. Da jede Selbstbehauptung gefährlich sei, müsse es zur Nichtigkeit des Selbstgefühls, zu äußerster Selbstverachtung und schließlich zu tiefer Scham kommen (ebenda).

Das »wahre«, verborgene Selbst – ein Konglomerat von ungelebten (Rache-)Impulsen, unterdrückten Affekten und starken Autonomiebestrebungen – existiere jedoch weiterhin und lade sich in einer intrapsychischen Reaktionsbildung mit narzißtischen, um Omnipotenz und Allmacht herum gruppierten Schutzphantasien auf. Es kommt hierdurch nach Winnicott (1960/1984, S. 196) zu einer Spaltung zwischen dem angepaßten »falschen Selbst« und dem narzißtisch-omnipotenten »wahren Selbst« oder, wie es Wurmser (1987, S. 314) ausdrückt, zu einer massiven Identitätsspaltung aufgrund kontradiktorischer, sich vor allem in den Strukturen des Über-Ichs und Ich-Ideals manifestierender, globaler Identifizierungen:

> Und das ist es, was bei diesen Identitätsspaltungen gewöhnlich eintritt: Ein Über-Ich-Teil, der sich mit der Außenwelt verbündet hat und unablässig auf Anpassung und Konformität dringt, wird von einem anderen Über-Ich-Teil, der zum Beispiel auf seinen eigenen, mehr autonomen Werten beharrt oder sich stolz, ja anmaßend auf seine Ehre oder seine Rechte beruft, gestürzt. Dieser zweite, gewöhnlich regressive Über-Ich-Teil manifestiert sich in narzißtischen Phantasien und archaischen Ich-Ideal-Vorstellungen und in damit einhergehenden, oft massiven Selbstverurteilungen für alle Zeichen der Verwundbarkeit oder Schwäche.

Die Allmachtsphantasie in Gestalt des grandiosen Ich-Ideals wird zum Gegenstück des »grausamen Gewissen-Richter-Über-Ich« (Wurmser, 1994, S. 10).

Kernberg (1990, S. 61) beschreibt die Identitätsspaltung auf Grund archaischer, globaler Identifikationen und deren Reaktionsbildungen in Anlehnung an Erikson (1966) als Syndrom der »Identitätsdiffusion«. Er räumt diesem durch eine mangelhafte Ich- und Über-Ich-Integration gekennzeichneten strukturellen Phänomen (siehe ebenda, S. 55-62) einen zentralen Stellenwert bei der Abgrenzung der schweren Persönlichkeitsstörungen von den eher »klassisch« neurotisch strukturierten Patienten ein (siehe auch Kernberg, 1988, S. 27-31).

Als zentralen Abwehrmechanismus zur Aufrechterhaltung der Über-Ich- und Identitätsspaltung beschreibt Wurmser (1987, S. 43 f.) die Verleugnung, die, eng verwandt mit der Verdrängung, die »emotionelle Bedeutsamkeit von Wahrnehmungen unbewußt macht«. Auch Kernberg (1988, S. 32) räumt den »primitiven Formen« der Verleugnung eine wichtige Funktion bei der Aufrechterhaltung der intrapsychischen Spaltung ein, sieht diese – die Spaltung – jedoch als ein ansonsten eigenständiges Abwehrphänomen an (siehe Kernberg, 1990, S. 52). Die Verleugnung beschreibt er folgendermaßen (ebenda):

> Der Patient ist sich zwar im klaren darüber, daß seine momentanen Wahrnehmungen, Gedanken und Gefühle in bezug auf sich selbst oder andere Personen völlig im Gegensatz zu dem stehen, was er zu anderen Zeiten wahrnahm, dachte, fühlte; aber dieses Wissen hat für ihn keinerlei emotionale Relevanz, es vermag nichts an seinen derzeitigen Gefühlen zu ändern. Zu einem spä-

> teren Zeitpunkt kehrt er womöglich wieder zu seinem vorigen Ichzustand zurück und verleugnet dann den jetzigen, wobei wiederum das Wissen darum intakt bleibt, der Patient aber überhaupt nicht in der Lage ist, diese beiden Ichzustände emotional miteinander in Verbindung zu bringen.

Der Abwehrmechanismus der Verleugnung wird nach Wurmser (1994, S. 10) bei schweren Neurosen zumeist von anderen Abwehrmechanismen unterstützt. In Verbindung mit den narzißtischen Allmachtsphantasien des regredierten Ich-Ideals sei zum Beispiel häufig eine Nachaußenwendung der Grausamkeit des Über-Ichs zu beobachten, eine Abwehr im Sinne der »Wendung ins Gegenteil« bzw. der »Wendung vom Passiven ins Aktive« (Wurmser, 1987, S. 45). Mit der Rückwendung der Über-Ich-Strenge nach außen würden dann andere ebenso verhöhnend und bestrafend behandelt wie das eigene Selbst (vgl. ebenda). Narzißtisch gefärbte Aggressionen können somit nach Wurmser (1994, S. 10) als Abwehr des Masochismus, als »Kontramasochismus«, verstanden werden: »Die Masse der narzißtischen Phantasien dient dem Schutz gegen die Hilflosigkeit in traumatischen Situationen zuerst, dem Schutz gegen den Ansturm der Über-Ich-Verurteilungen in zweiter Linie.«

Ein weiterer archaischer Abwehrmechanismus, der nach Wurmser (1987, S. 297) bei schweren Neurosen und Persönlichkeitsstörungen die Verleugnung häufig begleitet, ist die Projektion des verurteilenden Über-Ichs in die Außenwelt. Es komme dann mit der Reprojektion des zuvor internalisierten versagenden Objektes zu folgender Sequenz: »Ich möchte euch anklagen – ich klage mich selbst an – ihr klagt mich an« (ebenda). Das, was von außen drohe, könne leichter vermieden werden als die innere, in diesem Fall vom Über-Ich her drohende Gefahr.

Der Vorgang der Projektion bedingt nun aber auch, so Wurmser (ebenda) weiter, die Polarisierung des ganzen Selbst- und Welterlebens in absolute Gegensätze:

> Schützer und Feind, die zwei Seiten des ambivalent erlebten anderen (»Objektspaltung«), dehnen sich zu ganzen Schutzsystemen und Welten der Gefahr aus, obwohl sie sich auf einzelne Dinge oder Personen zu konzentrieren (»verdichten«) pflegen. Die Gegenpole werden hoch erotisiert, und die Spaltung in Gut und Böse betrifft nun nicht nur Macht und Aggression, nicht nur

> Neugier und Selbstbehauptung, sondern sie zerrt nun ganz wesentlich auch das Sexuell-Sinnliche von der Liebe und den Vereinigungswünschen weg. Die »böse« Geschlechtlichkeit wird unvereinbar mit der gepriesenen Liebe und dem Verlangen nach Abhängigkeit und Einheit.

Die durch eine ungenügende präverbale Affektregulierung und/oder das Scheitern des frühen Loslösungs- und Individuationsprozesses entstandene Über-Ich- und Identitätsspaltung erschwert mit ihrer Einbeziehung libidinöser und sexueller Impulse im späteren Kleinkindalter auch entscheidend die Bewältigung der nächsten großen Entwicklungsaufgabe: die Lösung des Ödipus-Konflikts.

Die Hauptaufgabe des Ödipus-Konflikts und seiner Vorläufer besteht nach Mentzos (1984, S. 126) darin, die relative Sicherheit der dyadischen Beziehung zu verlassen und das Wagnis der Dreierbeziehung mit ihren Chancen und Risiken auf sich zu nehmen. Das Kind soll lernen, so Mentzos (ebenda), den Konflikt, die Rivalität, die Spannung, die Aggression und die sonstigen unvermeidlichen Konsequenzen der Dreierbeziehung bis zu einem gewissen Grade ertragen zu können. Dieses Problem könne jedoch nicht auf der Basis bewußter Wahl und Entscheidung durch äußeres Handeln, sondern nur durch massive autoplastische Anpassung gelöst werden: »Damit ist die Verdrängung der Begierde nach dem gegengeschlechtlichen und die Verinnerlichung des Bildes des gleichgeschlechtlichen Objekts gemeint« (ebenda).

Wird diese Aufgabe erfolgreich bewältigt, so hat das Kind nach Mentzos (ebenda, S. 127) einen großen Schritt in Richtung auf eine reife Genitalität, liebevolle Objektbeziehungen, die Fähigkeit zur Initiative, die Festigung der Geschlechtsidentität und die Bildung eines reiferen Über-Ich hin getan. Ein in der präödipalen Zeit vorgeschädigtes Kind wird jedoch auf Grund seiner archaischen Identifizierungen und rigiden Affekturteile eine Umwandlung der Rivalität mit dem gleichgeschlechtlichen Elternteil in positive, mit ambivalenten affektiven Qualitäten ausgestattete Identifizierungen kaum vollziehen können. Statt dessen kommt es zumeist, wie Rohde-Dachser (1987, S. 796) es beschreibt und wie ich insbesondere anhand des Fallbeispiels von Herrn B. im vierten Kapitel zeigen werde, zu einem »strategischen Ödipuskomplex«, der

> primär eine Abwehrstrategie gegen Konflikte sowohl ödipaler als auch präödipaler Genese darstellt und dabei viel eher im Dienste der Erhaltung dyadischer Strukturen steht als ihrer progressiven Öffnung im Zuge fortschreitender Individuation. (Ebenda)

Wie Wurmser (1987, S. 121) zusammenfassend feststellt, ist also von einer engen Verschlungenheit präödipaler und ödipaler Konflikte und daher von einer panphasischen Pathogenese der meisten neurotischen Zustandsbilder auszugehen (vgl. hierzu auch Eagle, 1988, S. 165-186). Wurmser (1987, S. 300): »Je früher und je schwerer die Traumata oder die Regulationsstörungen, desto mehr werden die Affekte globaler und absoluter Natur sein, und desto schwerer diese Konflikte.«

3.3 Das pathologische Glücksspiel als (mißglückter) Versuch der Affektregulation

In dem vorangegangenen Unterkapitel habe ich unter Bezugnahme auf die Erkenntnisse der neueren Säuglings- und Emotionsforschung und mit dem Ansatz Wurmsers (1987, 1994) versucht, die Rolle archaischer, polarisierter Affekte für die Genese schwerer neurotischer Zustandsbilder darzustellen. Wie lassen sich nun diese Überlegungen auf den Gegenstand dieses Buches, das pathologische Glücksspiel, anwenden?

Ich bin der Ansicht, daß die meisten der von mir in Kapitel 3.1 dieser Arbeit vorgestellten Erklärungsansätze der Spielsucht Teilaspekte einer umfassenderen Psychodynamik der Sucht beschreiben, wie sie Wurmser (1987, S. 221-253) auf der Basis seiner hier dargestellten Überlegungen zur Affektpathologie entwickelt hat. Insbesondere das Konzept der »masochistischen Neurose«, das Bergler (1958) zur psychodynamischen Conditio sine qua non der Spielsucht erklärt hat (siehe Kapitel 3.1), findet sich in Wurmsers (1987) Erklärung süchtiger Phänomene wieder.

Süchte werden von Wurmser (ebenda, S. 221) den schweren Neurosen zugeordnet, da sie, seinem Verständnis zufolge, ebenso wie diese fast immer eine gravierende Affektregulationsstörung und eine darauf aufbauende narzißtisch-masochistische Charakterpathologie implizieren. Die globalen, archaischen Affekte und ihre symbolischen Überarbeitungen werden von ihm auch bei der Suchtkrankheit als Resultat gravierender körperlicher und/oder seelischer Kindesmißhandlungen verstanden (siehe ebenda, S. 230). Das besondere Merkmal süchtiger Fehlentwicklung ist jedoch für Wurmser die spezifische Umgangsweise mit einem intrapsychischen Produkt dieser frühen Affektstürme, dem »phobischen Kern« (Wurmser, 1983, S. 85) in der Persönlichkeitsstruktur.

Kennzeichnend für die phobische Grundstruktur vieler schwerer Neurosen seien Ängste davor, eingeschlossen zu sein, »gefangen in der Falle von Strukturen, Grenzen, Pflichten und physischer und emotionaler Enge und Fesselung« (ebenda). Nach Wurmser (ebenda) ist diese Klaustrophobie der symbolisch überarbeitete Ausdruck der Erfahrung traumatischer Angst[11] in den Versagungssituationen und Mißhandlungen der Kindheit und kann durch die archaische Gleichung »Claustrum = Angst« (Wurmser, 1987, S. 243) charakterisiert werden. Das »Claustrum« stehe für die Unentrinnbarkeit der traumatisierenden frühen Beziehungen (»Claustrum = Abhängigkeit = verschlingende Mutter«) und führe mit der Internalisierung der Elternfiguren im Über-Ich schließlich zu der unbewußten Sequenz: »Claustrum = Grenzen = Über-Ich = einengende Außenwelt« (ebenda).

Der konkrete Umgang mit diesem phobischen Kern erscheint bei der Sucht, so Wurmser (ebenda, S. 242) weiter, wie ein Gegenbild zur manifesten Phobie:

> Es ist frappierend, wie die getriebene Suche des Süchtigen gleichsam ein Spiegelbild des ebenso unwiderstehlichen Vermeidungsdrangs des Phobikers darstellt. Während letzterer alle

11 Nach Krause (1990, S. 675) kann jeder anhaltende negative Affekt (zum Beispiel Ekel oder Scham) zur traumatischen Angst führen. Diese sei dann nicht mehr identisch mit dem Primäraffekt Angst, welcher der Objektbeziehungsregulierung dient, sondern indikativ für den Zusammenbruch des inneren wie äußeren Regulierungsgeschehens. Die Summation von Partialtraumata, kumulativer Traumata oder Überanstrengungstraumata erhöhe die Wahrscheinlichkeit für das Auftreten von traumatischer Angst; der letztliche Endauslöser eines Traumas sei aber immer der überwältigende Affekt (ebenda, S. 674).

> Gefahren in einer oder wenigen Arten von Objekten und in einer oder wenigen Situationsformen konzentriert und damit all seine Ängste auf diese Drohung richtet und sein Leben auf deren Meidung hin ausrichtet, scheint der Süchtige gerade das Gegenteil davon zu tun: Sein ganzer Lebensinhalt, all sein Interesse richtet sich, wenigstens während jener Episoden der Abhängigkeit, ebenfalls ganz konzentriert auf bestimmte Objekte und Situationen, und diese werden dann zum Ausschluß von allem anderen gesucht.

Erklärbar sei die in die Abhängigkeit führende Suche des Süchtigen nach Objekten, Situationen oder Handlungen mit spezifischen Schutzphantasien. Solche Phantasien von beschützenden Personen oder von unpersönlichen, sich den Bedrohungen entgegenstellenden Schutzsystemen gibt es nach Wurmser (vgl. ebenda, S. 223) häufig bei schwereren phobischen Zustandsbildern. Dieser »antiphobische Faktor« (ebenda) kann in einem Liebespartner, einem Fetisch, einer Droge, einem System magisch wirksamer Handlungen oder eben auch, wie ich hinzufüge, in den jeweiligen Varianten des pathologischen Glücksspiels bestehen. Sucht ist, diesem Verständnis zufolge, nur eine Sonderform einer solchen Schutzphantasie und hat, wie andere Schutzsysteme auch, die unbewußte »Aufgabe« den phobischen Kern abzuschirmen.

Schutzobjekte sind demnach, so Wurmser (ebenda, S. 244), integraler Bestandteil einer »dicken Kruste narzißtischer Abwehr«, mit der die Gefühle von Ohnmacht und Hilflosigkeit – welche die Phobie und die allgemeine Angst in der Regel begleiten – bedeckt sind. Wurmser (ebenda):

> Derartige Beschützer, ob nun Drogen oder Rituale oder Ideologien, Führer und Gruppen, werden deshalb sehr überbewertet und als absolut gut erlebt. Sie sind »narzißtische« Objekte, Selbstobjekte, von denen man erwartet, daß sie allmächtig, allverzeihend und grenzenlos gewährend seien. Enttäuschen sie jedoch, verwandeln sie sich rasch in vernichtende, verurteilende, versagende, also absolut böse Gestalten.

Da das narzißtisch idealisierte Schutzobjekt oder -system ebenso zwanghaft, ebenso süchtig gesucht wie das phobische Objekt vermieden werde, sei die »Rückkehr des Abgewehrten« (ebenda,

S. 240), die Verwandlung des Beschützers in ein Objekt der grenzenlosen Destruktion, Verurteilung und Deprivation, vorgezeichnet. Der Süchtige, so Wurmser (ebenda, S. 224), befinde sich in der paradoxen Situation, daß er sich aus seiner tiefen Angst heraus zu einem beschützendem Objekt oder Verhalten flüchte, das auf Grund der eigenen inneren Ambivalenz sogleich zur neuen Bedrohung bzw. zum »Claustrum« werden müsse. Es sei daher wahrscheinlich, daß das phobische und das antiphobische Objekt eng miteinander verwandt sind, daß »Wunschobjekt und Gefahrenobjekt im Grunde dasselbe sind, zwei Seiten des einen ambivalent erlebten ursprünglichen Objekts ...« (ebenda, S. 240).

Wie Haustein & Schürgers (1988) und Kind (1988) am Beispiel des pathologischen Glücksspiels aufgezeigt haben (siehe Kapitel 3.1), stellen sowohl die süchtige Zuflucht zum affektiv ambivalent erlebten Schutzobjekt als auch die Wiederkehr des Abgewehrten durch die Verwandlung des Beschützers in ein »Claustrum« oftmals die Externalisation[12] eines dyadischen, durch das Nebeneinander von symbiotischen Phantasien und Fluchtimpulsen gekennzeichneten Konflikts dar.

Wir können daher die Spielsucht, psychodynamisch betrachtet, als das externalisierte, kontraphobische Ringen mit einem symbolischen Vertreter des primären Objekts bzw. als Reinszenierung der affektiv hochgradig ambivalenten Beziehung zu diesem verstehen. Geldspielautomaten, das Roulettespiel und andere Formen des Glücksspiels werden dabei besonders in der Anfangsphase der süchtigen Entwicklung als narzißtisch besetzte Schutzobjekte und -systeme erlebt, verheißen sie doch eine gegenphobische Kontrolle der zumeist aus akuten narzißtischen Krisen[13] resultierenden Ängste. Wie ich in Kapitel 3.1 mit Hau-

12 Wurmser (1987, S. 48) zum Abwehrmechanismus der Externalisation: »Zum Beispiel werden die innerlich erlebten, vom eigenen Gewissen erlittenen Aggressionen, wie das Auslachen, die Abweisung und Bestrafung, nun nicht allein, wie bei der Projektion, auch von außen her erwartet, befürchtet und vermutet noch einfach den anderen zurückgegeben , wie bei der Wendung vom Passiven ins Aktive, sondern sie werden provoziert und gleichsam auf der Bühne des Lebens neuinszeniert.«

13 Unter dem Begriff der »narzißtischen Krise« verstehe ich in diesem Zusammenhang nicht nur befürchtete oder wirklich eingetretene

stein & Schürgers (1988) herausgearbeitet habe, können dabei sowohl Objektverluste als auch Objektgewinne und Erfolg den Beginn der Suchtspirale markieren: Erfolg zum Beispiel steht bei Menschen mit einem schweren Konflikt um Abhängigkeit und Autonomie symbolisch-unbewußt für Selbständigkeit und kann daher, ebenso wie der Objektverlust, tiefe Trennungsängste hervorrufen (siehe Wurmser, 1987, S. 266). Da Loslösungs- oder Individuationsimpulse bei solchen Patienten zumeist mit massiven Aggressionen gegen das »verschlingende« primäre Objekt verbunden sind, wird Trennung bei ihnen auf einer noch tieferen Ebene des Unbewußten oftmals mit Tötung und Sterben gleichgesetzt (vgl. Wurmser 1991, S. 13). Das sadistisch-reglementierende Über-Ich des Spielers »quittiert« diese unbewußten Phantasien in der Folge mit schweren Schuldgefühlen und einem archaischen Strafbedürfnis, das in seiner Unerträglichkeit über das Medium des Geldspielautomaten externalisiert und damit auch kanalisiert wird.

Ein Objektgewinn, wie zum Beispiel der Beginn einer neuen Beziehung, setzt dagegen eher am anderen Ende der Bindungs-Autonomieproblematik an, nämlich bei der Verschmelzungsangst vor dem »Claustrum« und der mit ihr einhergehenden Abhängigkeitsscham. Der Spielautomat verspricht hier durch rasante Gewinnserien narzißtische Allmacht (= Autonomie) und Entfernung gegenüber dem nicht nur verzweifelt gesuchten, sondern auch abgrundtief gefürchteten (Selbst-)Objekt. Die Omnipotenzphantasien während einer »Serie« lassen auch die innere Bedürftigkeit und die Scham über die Abhängigkeit von dem Liebespartner zeitweilig vergessen. Der »Isomorphismus von Abwehr und Abgewehrtem« (Wurmser 1987, S. 238) zeigt sich auch hier jedoch schon bald im ruinösen Spielverlust, mit dem der Spieler sich unbewußt für seine narzißtischen Höhenflüge (= Trennung und Selbständigkeit) bestraft. Mit der Rückkehr des verleugneten Über-Ichs erheben sich dann die ursprünglichen Gegenkräfte des im Spielrausch aufgeblähten Größenselbst »mit erneuter Macht

Enttäuschungen bei anderen oder bei sich selbst (vgl. Wurmser, 1987, S. 224), sondern, in einem weiteren Sinne, jede Störung des bei den schweren Neurosen fragilen Gleichgewichtes zwischen Bindungs- und Autonomiebestrebungen.

und verdoppelter Wut. Der ›innere Richter‹ hat nun noch weit bessere Gründe, die Gesamtperson, das Selbst des Patienten, zu verurteilen« (ebenda, S. 235).

Die von Schütte (1985, 1987) und Simon (1980) hervorgehobene narzißtische Pathodynamik stellt demnach – insbesondere bei den schwereren Formen der Spielsucht – nur die *eine* Seite einer narzißtisch-masochistischen Inszenierung dar. Deren für die Stabilität der Psyche notwendige Kehrseite, der ruinöse Spielverlust, ist nämlich kein unerwünschter Nebeneffekt des pathologischen Glücksspiels, sondern erfüllt die Funktion einer regelmäßig und unbewußt herbeigeführten Strafe für die vorhergehende narzißtische Erhöhung. Berglers (1958) Beobachtung, daß der Spieler darüber hinaus aus dem Akt des Verlierens unbewußte Befriedigung zieht und ihn herbeisehnt, läßt sich dabei mit Wurmser (1991, S. 8) durch das Zusammenwirken der Abwehrmechanismen der Affektumkehrung und der Verleugnung erklären:

In einer Art von affektiver Reaktionsbildung gegen die Gefühle der Ohnmacht und Hilflosigkeit und unter Verleugnung des Leidens wird durch die symbolische Wiederholung des Traumas im Glücksspiel Lust bzw. Macht empfunden. Diese »alchemistische« Affektumwandlung von Schmerz in Lust und Hilflosigkeit in Macht ist nach Wurmser (1987, S. 46) die Grundlage der masochistischen Kernphantasie, die zu sagen scheint:

> Ich fürchte mich nicht mehr vor dem Leiden, ich suche es sogar auf; ich leide nicht mehr unter der Gewalt, ich genieße sie sogar als Opfer; ich bin nicht mehr erniedrigt als ein hilfloses Geschöpf, sondern ich bin im Gegenteil ein gottbegnadeter Märtyrer, von höherem Wert als meine Quäler; ich bin nicht mehr hilflos, sondern nun bin ich in Kontrolle, denn ich bringe ja das Unglück selbst herbei.

Bei einer manifesten masochistischen Perversion, so Wurmser (1991, S. 16), sei diese autoaggressive Grundphantasie teilweise bewußt und die Affektumkehrung von einer offenen Sexualisierung begleitet. Bei den »kontramasochistischen«, von einer narzißtischen Abwehr überlagerten Ausdrucksformen schwerer Über-Ich-Pathologie sei die masochistische Dynamik jedoch unbewußt und erst in der Wiederkehr des Verleugneten (zum Beispiel dem ruinösen Spielverlust beim pathologischen Glücksspiel) in verschlüsselter Form erfahrbar. Die unbewußte narzißtisch-masochistische Phantasie, durch selbstprovoziertes Unglück magische und omnipotente Kontrolle über das Leiden zu erlangen, wird jedoch spätestens mit dem Einsetzen des süchtigen Kontrollverlustes ad absurdum geführt: Das Trauma wiederholt sich nun, durch die Sucht symbolisch verklausuliert, in voller Schärfe.

Dem psychoanalytischen Konzept des Wiederholungszwangs kommt bei dem Verlust der Kontrolle über die narzißtisch-masochistische Inszenierung der Spielsucht – neben lerntheoretischen, neurobiologischen und sozialpsychologischen Faktoren (siehe Kapitel 2.4) – besondere Erklärungskraft zu. Wurmser (1987, S. 321) beschreibt den Wiederholungszwang als einen auf die synthetische Funktion des Ichs zurückgehenden Versuch, Konflikte zu lösen, die weitgehend unbewußt und gerade deswegen nicht lösbar sind; da der Versuch scheitert, muß er ständig wiederholt werden. Wurmser (ebenda, S. 321 f.):

> Und zwar erscheint er [der Wiederholungszwang – der Verf.] in Sequenzen verschiedener Lösungsversuche, die alle mißlingen und doch immer wiederholt werden müssen, da ihr eigentliches Ziel, die Beseitigung des ursprünglichen Konflikts und der mit diesem verbundenen Traumata, unmöglich zu erreichen ist; denn was diese eigentlich sind, ist unbekannt; ihre Natur ist vom Bewußtsein abgeschlossen.

Vom Bewußtsein ausgeschlossen sind diese Konflikte nach Wurmser (ebenda, S. 324) wegen des globalen und unvereinbaren Charakters der mit ihnen verbundenen Identifizierungen, Abwehrmechanismen und Über-Ich-Forderungen, also letztlich, wie ich in Kapitel 3.2 dieser Arbeit aufzuzeigen versucht habe, auf Grund der traumatischen Natur der ihnen zugrunde liegenden Affekte. Der Wiederholungszwang dient daher nicht nur der Konfliktbewältigung, sondern vor allem auch der Affektbewältigung und -regulierung (vgl. ebenda, S. 322). Er ist als ein ursprünglicher Versuch des Ausgleichs unerträglicher Affekte anzusehen:

> Je massiver die Affektpolaritäten sind und je höher die damit einhergehenden Affektspannungen, um so stärker die Notwendigkeit, durch Wiederholung eine Regulation zu finden und damit die innere Einheit wiederherzustellen. Da aber das *Ziel*

> [Hervorhebung im Original] der möglichen Lösung außerhalb des Bereichs der Wortvorstellungen und damit der symbolischen Prozesse überhaupt liegt, erweist sich der Lösungsversuch durch die Wiederholung immer wieder als unmöglich, solange die Polaritäten nicht selbst den symbolischen Prozessen zugänglich gemacht werden ... (Ebenda)

Verstehen wir also süchtige Impulshandlungen wie das pathologische Glücksspiel als durch narzißtische Krisen ausgelöste und im Wiederholungszwang erfolgende Versuche der Regulation von polarisierten Affekten, so lassen sich meiner Ansicht nach durch die Eruierung des Ausmaßes der jeweils vorhandenen Affektregulationsstörung und durch die Ermittlung der aus ihnen resultierenden ich-strukturellen Einschränkungen wichtige differentialdiagnostische und prognostische Schlußfolgerungen für den betroffenen Spieler ziehen - zum Beispiel bezüglich der Auswahl des suchttherapeutischen Settings (ambulant oder stationär) oder im Hinblick auf spezifische therapeutische Interventionsstrategien.

Meinen eigenen klinischen Beobachtungen im Suchtbereich zufolge werden nämlich bei einigen Spielsüchtigen - vor allem, wenn zusätzlich zum pathologischen Glücksspiel eine stoffgebundene Abhängigkeit vorliegt - die traumatisch bedingten Affekte nicht gänzlich von den Abwehrmechanismen und Konflikten absorbiert. Statt dessen äußern sie sich bei diesen Patienten zusätzlich in einer auch bei vielen Drogenabhängigen zu beobachtenden Neigung zu spontaner Überflutung mit archaischen Emotionen. Wurmser (1987, S. 223) beschreibt diese »Affektregression«[14] folgendermaßen:

> Zu dieser Affektregression gehört es, daß die Emotionen global und undifferenziert erlebt werden: Es ist nicht nur Ärger, sondern gleich überwältigende Wut, nicht nur eine mäßige Angst und Sorge, sondern gleich drohende Panik, nicht nur Sympathie

14 Unter dem von Schur (1955) stammenden Begriff der »Affektregression« verstehe ich in diesem Zusammenhang, in Anlehnung an Krystal & Raskin (1983, S. 26 f.), die in der Regel auf präverbale Affektregulationsdefizite zurückgehende Resomatisierung und Entverbalisierung von Gefühlen in potentiell traumatischen Situationen.

und Liebe, sondern überwältigende Verschmelzung und Abhängigkeit, nicht Enttäuschung und Trauer, sondern Todesgrauen, Raserei gegen das Selbst oder absolute Leere, Lebensekel, Bezugslosigkeit und Sinnlosigkeit. Dazu gehört auch, daß die Gefühle kaum in Worten und anderen symbolischen Formen ausgedrückt werden können, sondern statt dessen teilweise somatisiert werden.

Weiterhin konnte ich beobachten, daß bei Spielsüchtigen ohne begleitende stoffgebundene Sucht die Ich-Funktionen der Affektdifferenzierung, der Frustrationstoleranz und der Affekt-und Impulskontrolle oftmals deutlich besser entwickelt waren als bei den mehrfachabhängigen Spielern.

Es scheint, als könnten die »reinen« Spieler ihre globalen und zumeist erst durch narzißtische Krisen polarisierten Affektqualitäten durch die Abwehrmechanismen der Affektumkehrung, der Verleugnung und der Externalisation im pathologischen Glücksspiel ausreichend »binden«, während die mehrfachabhängigen Spieler auf Grund ihrer massiveren und konstanteren Affektregulationsstörung zusätzlich zum Glücksspiel auf den Abwehrmechanismus der chemisch induzierten Affektblockierung zurückgreifen müssen (vgl. Wurmser, 1987, S. 222). Drogen und Alkohol dienen dann, wie Wurmser (ebenda) feststellt, der »künstlichen« Affektabwehr im Sinne einer pharmakologisch massiv verstärkten Verleugnung von bedrohlichen Gefühlen – der von Radó (1926, S. 541 f.) beschriebene »artifizielle Reizschutz nach innen«. Das Vorliegen einer Mehrfachabhängigkeit kann daher als erster Hinweis für die Schwere der zugrundeliegenden Affektstörung und das sich darauf aufbauende ich-strukturelle Niveau des Spielers dienen.[15]

Meine Überlegungen zur Differenzierung der Spielsüchtigen anhand des Entwicklungsstands ihrer affektiven Ich-Funktionen

15 Es sei jedoch darauf hingewiesen, daß nicht in einem einfachen Rückkehrschluß von der Schwere und der Art der süchtigen Symptomatik auf das Ausmaß der ich-strukturellen Störung rückgeschlossen werden kann. In Anbetracht der Tatsache, daß sich *jede* Abhängigkeit in einem eigendynamischen Prozeß von der Grundstörung entkoppeln kann, ist zur Ermittlung von Ich-Funktions-Defiziten bei Süchtigen *immer* eine differenzierte psychodynamische Diagnostik angezeigt.

kommen Kernbergs (1981, S. 139-160) psychoanalytischer Klassifizierung der Charakterpathologie nahe, in der er das Ausmaß der »unspezifischen Anzeichen von Ich-Schwäche« (mangelhafte Angsttoleranz, mangelhafte Impulskontrolle und mangelhaft entwickelte Sublimierungen) in eine enge Beziehung zum jeweiligen Strukturierungsniveau der Psyche setzt. Kernbergs Vorstellungen zufolge (ebenda, S. 143) reicht die Spannweite des individuellen Umgangs mit pathologischer Impulsivität von sublimierenden Zügen am einen Ende bis zu triebdurchsetzten Zügen am anderen. Hemmende, phobische und reaktive Charakterzüge werden innerhalb dieses angenommenen Kontinuums in einer Mittelposition verortet:

> Dies bedeutet: Je niedriger die Ebene der Abwehrorganisation des Ichs ist, desto stärker herrschen die pathologischen Charakterzüge vor, in denen Abwehr und unmittelbare Triebäußerung zusammengehen, so daß die primäre Impulsäußerung durch die Abwehr hindurch zu erkennen ist. Beim normalen Charakter überwiegen sublimierende Charakterzüge. Auf der höheren Strukturebene der Charakterpathologie überwiegen hemmende und reaktive Charakterzüge; auf der mittleren Strukturebene treten Formen von Charakterabwehr auf, die die Reaktionsbildung gegen die Triebe wenigstens mit einer partiellen Äußerung der zurückgewiesenen Triebimpulse verbinden; und auf der niederen Ebene überwiegen triebdurchsetzte Formen der Charakterabwehr.

Die »strukturierte Impulsivität« der mittleren Strukturebene der Charakterpathologie ist für Kernberg (ebenda, S. 146) überwiegend durch dissoziierte Triebäußerungen in bestimmten, eng umrissenen Bereichen charakterisiert. Im Gegensatz hierzu äußere sich die unberechenbare, sprunghafte und globale Form mangelhafter Impulskontrolle der niederen Strukturebene als unspezifische Reaktion auf jeden stärkeren Anstieg von Angst oder Triebspannungen:

> Die Impulsivität ist hier [auf der niederen Strukturebene der Charakterpathologie – der Verf.] nicht so sehr als Ausdruck der Aktivierung eines bestimmten dissoziierten Identifikationssystems zu verstehen, sondern vielmehr als ein Versuch der Zerstreuung und Abfuhr intrapsychischer Spannungen jeglicher Art. (Kernberg, 1990, S. 42 f.)

Wie sich aus den von mir im vorangegangen Kapitel 3.2 vorgestellten Ergebnissen der Säuglings- und Emotionsforschung ergibt, markieren die Ich-Funktionen der Impulskontrolle und der Frustrationstoleranz – von deren spezifischer Qualität Kernberg den Gesamtstatus der individuellen Abwehrorganisation abhängig macht – nicht die spezifische Qualität der intrapsychischen Trieb-, sondern der *Affekt*regulation. Es sind folglich unsublimierte, archaische Affekte (und nicht Triebe), die ein defizitäres Abwehrsystem charakterisieren: Je globaler und krasser die traumatischen Affektpolaritäten sind, desto mehr wird ihre sekundäre symbolische Überarbeitung unter dem Einfluß von archaischen Abwehrmechanismen wie Verleugnung, Wendung ins Gegenteil, Affektblockierung, Projektion und Externalisierung stehen. Darüber hinaus sind globale, archaische Affekte deutlicher durch die Abwehrorganisation hindurch zu erkennen als deren gemäßigte Varianten und erhöhen im betroffenen Individuum generell die Neigung zu maligner Affektregression in potentiell traumatischen Situationen. In diesem Sinne affekttheoretisch modifiziert, stellt Kernbergs (1981) psychoanalytische Klassifizierung der Charakterpathologie meines Erachtens ein klinisch sehr nützliches Konzept zur psychodynamischen Differentialdiagnostik des pathologischen Glücksspiels dar.[16]

Die strukturierte Impulsivität der mittleren Ebene der Charakterpathologie (Kernberg, S. 145 f.) scheint dabei, worauf auch schon Zeiler (1987, S. 107) hingewiesen hat, wesentliche Elemen-

16 Ich möchte an dieser Stelle jedoch darauf hinweisen, daß mir Kernbergs Begrifflichkeit bei der Beschreibung der verschiedenen Ebenen der Charakterpathologie teilweise Mißbehagen bereitet. Insbesondere die Einteilung der ich-strukturellen Organisationsebenen in eine »niedere«, eine »mittlere« und eine »höhere« sowie der Gebrauch der Adjektive »unreif« und »primitiv« erscheinen mir als zu stark angelehnt an die althergebrachte psychiatrische Terminologie. Ich verweise hier auf Eagle (1988, S. 172), der auf die »Neigung mancher moderner psychoanalytischer Autoren« hinweist, »ihre Patienten als so infantil und defekt hinzustellen, daß man sich fragt, wie sie überhaupt funktionieren können«. Ich werde mich daher – zumal bei den Fallbeispielen im nächsten Kapitel – bemühen, mit negativen Konnotationen verbundene Termini Kernbergs durch sachlichere, strenger an der Psychodynamik orientierte Formulierungen zu ersetzen.

te der süchtigen Affektpathologie widerzuspiegeln. Die hier im Vergleich zur höheren Organisationsebene der Charakterpathologie gravierenderen Affektregulationsstörungen bringen es mit sich, daß Affekte kaum sublimiert und in einem geringeren Umfang durch hemmende oder reaktive Charakterzüge gebunden werden. Eine partielle Äußerung der globalen Affektqualitäten in Form von dissoziierten Impulshandlungen – gekennzeichnet durch das Nebeneinander von ich-syntonen Affekthandlungen einerseits und schweren (Über-Ich-)Selbstvorwürfen andererseits – wird somit möglich. Diese Spaltung des psychischen Erlebens in zwei verschiedene Ich/Über-Ich-Zustände bzw. »dissoziierte Identifikationssysteme« (Kernberg, 1990, S. 42) stellt, wie jeder Kliniker bestätigen kann, ein Spezifikum gerade der süchtigen Fehlentwicklung dar.

Ich denke, daß die meisten Spielsüchtigen, deren Abhängigkeit nicht von einer stoffgebundenen Sucht begleitet wird, auf dieser mittleren Ebene der Charakterpathologie eingeordnet werden können – ebenso wie viele Alkoholiker mit eher depressiver Persönlichkeitsstruktur, deren Suchtstoffgebrauch nach Kernberg (1990, S. 255) eine komplexe, differenzierte Auseinandersetzung mit einer ambivalent erlebten Elternimago ausdrückt. Die Objektbeziehungen sind auf dieser Ebene der Charakterpathologie noch stabil im Sinne der Fähigkeit zu dauerhaften und engen Beziehungen. Die deutlich ambivalente und konflikthafte Natur dieser engeren Kontakte wird hier im allgemeinen noch gut toleriert (vgl. Kernberg, 1981, S. 146).

Wie an den schweren Stimmungsschwankungen, den Widersprüchen im Wertesystem des Ichs sowie an partiellen Projektionen von Über-Ich-Kernen zu erkennen ist (vgl. ebenda, S. 145), sind die Ich- und Über-Ich-Integration auf dem mittleren Organisationsniveau zwar schon deutlich schwächer ausgeprägt als auf der höheren Strukturebene der Charakterpathologie, jedoch noch nicht in dem Ausmaß der Identitätsdiffusion, das Kernberg (ebenda, S. 147-150) für die niedere Strukturebene beschreibt: Hier fehlen auf Grund archaisch-globaler Identifizierungen, rigider Abwehrmechanismen und der sadistischen Natur des Über-Ichs in einem wesentlich stärkeren Ausmaß eine integrierte Welt »ganzer« internalisierter Objektbeziehungen und ein stabiles Selbstkonzept.

Wie aus Kernbergs Ausführungen (ebenda, S. 145 f.) weiterhin zu schließen ist, repräsentiert die mittlere Strukturebene der Charakterpathologie ein breites Mittelfeld zwischen der höheren und der niederen Ebene der Charakterorganisation. Die mittlere Strukturebene läßt sich daher, bezogen auf die jeweils spezifische Qualität ihrer mangelhaften Impulskontrolle, nochmals in eine eigene Ergänzungsreihe mit zwei Polen untergliedern (vgl. hierzu auch Zeiler, 1987, S. 108):

Stellen die (oftmals stoffungebundenen) süchtigen Impulshandlungen zur höheren Ebene der Charakterpathologie hin eher Regressionen im Rahmen von Konfliktbewältigungsstrategien dar, so erfüllen die zumeist mit Alkohol- und/oder Drogenabhängigkeit einhergehenden Süchte in der Nähe der niederen Strukturebene zunehmend adaptive Funktionen im Sinne einer kompensatorischen Affektregulierung (Stichwort: »narzißtische Lücke«).

3.4 Eine zweidimensionale differentialdiagnostische Vorgehensweise

Eine tiefenpsychologisch fundierte Differentialdiagnostik, die eine Zuordnung des Spielers zu den verschiedenen Ebenen der Charakterpathologie nach Kernberg (1981) erlaubt, wird neben der Berücksichtigung deskriptiv-phänomenologischer Anhaltspunkte zum Suchtverhalten und zur sozialen Situation des Betroffenen vor allem auf eine Strukturanalyse des Ichs und des Über-Ichs abzielen müssen (vgl. Kernberg, 1990, S. 41). Kernberg (1988, S. 18 f.) sieht in diesem Zusammenhang folgende strukturelle Parameter als geeignet an zur Abgrenzung der eher neurotischen, auf der mittleren bis höheren Strukturebene der Charakterpathologie angesiedelten Persönlichkeitsorganisation von der Borderline-Persönlichkeitsstruktur der »niederen« charakterlichen Organisationsebene:

1. den Grad der Identitätsintegration (und das damit verbundene Vorhandensein eines integrierten Konzeptes von bedeutsamen anderen),
2. das Ausmaß des Gebrauchs »primitiver« Abwehrmechanismen,

3. die Qualität und den Grad der Über-Ich-Integration sowie
4. das Auftreten unspezifischer Anzeichen von Ich-Schwäche (mangelnde Angsttoleranz, mangelhafte Impulskontrolle und mangelhaft entwickelte Sublimierungen).

Heigl-Evers & Heigl (1983, S. 2) merken hierzu ergänzend an, daß bei den sogenannten Frühstörungen und insbesondere bei Süchtigen (vgl. Heigl, Schultze-Dierbach & Heigl-Evers 1984, S. 157) auch die Ich-Funktionen der Affektdifferenzierung (als Unterfunktion der Binnenwahrnehmung), der Frustrationstoleranz und der Affekt-/Impulssteuerung (in ihrer Eigenschaft als Indikatoren des individuellen Affektregulierungsvermögens) im Mittelpunkt der ich-strukturellen diagnostischen Untersuchung stehen sollten.

Eine derart auf die objektivierende Erfassung von Mängeln der Ich-Funktionen ausgerichtete diagnostische Wahrnehmung entspricht der von Fürstenau (1977) geforderten Ergänzung der traditionellen psychoanalytischen Vorgehensweise bei der Eruierung von Art und Qualität neurotischer Konflikte. Die Wahrnehmung und Überarbeitung von Übertragung und Widerstand sollte demnach um eine an der traditionellen Medizin orientierte Diagnostik bereichert werden. Fürstenau (ebenda, S. 202):

> Hier handelt es sich statt dessen um eine Einstellung, die eher dem organmedizinisch ausgebildeten Kliniker geläufig ist als uns: eine Einstellung auf die subtile Erfassung des *Zusammenhangs* der *aktuellen*, klinisch sich manifestierenden Struktur des Patienten; in unserem Falle: der aktuell klinisch sich manifestierenden Ich-Struktur des Analysanden (Hervorhebungen im Original).

Im konkreten Fall hat der Diagnostiker, so Fürstenau (ebenda) weiter, »seine Wahrnehmungen nach dem Konzept ›gestörte *Ich-Struktur*‹ zu organisieren und damit den Ich-Mangel des Analysanden in der Situation zu diagnostizieren«.

Nitzschke (1994, S. 39) merkt hierzu kritisch an, daß eine ausschließliche Konzentration auf diese von Fürstenau vorgeschlagene Arbeitsdimension im Grunde ein »abgeschlossen konzipiertes System ›Patient‹« voraussetzt, das hinsichtlich seiner Funktionsmöglichkeiten und -defizite untersucht wird:

> Die diagnostizierten Funktionsmängel werden so aufgefaßt, als seien sie objektiv – das heißt: unabhängig vom Beobachter – vorhanden bzw. von jedem Beobachter festzustellen, der sich der nämlichen diagnostischen Mittel bedient.

Da es aber, wie Streeck (1983, S. 343) feststellt, gerade bei Patienten mit ich-strukturellen Störungen oftmals zu schwer überschaubaren und oft nur mühsam zu kontrollierenden Gegenübertragungen des Therapeuten auf den Patienten kommt, bietet sich die Diagnostik von ich-strukturellen Störungen ihres quasi-objektiven Charakters wegen an, als Ich-Pathologie des Patienten auszugeben, was zumindest *auch* das Ergebnis entlastender Abwehrstrategien des Therapeuten ist:

> Gegenübertragungsreaktionen und Anpassungsprobleme des Therapeuten kehren dann als vermeintliche Ich-Funktionsstörungen auf der Seite des Patienten wieder. Der theoretisch ungeklärte Status des funktionalen Aspekts des Ichs und die quasiobjektive Wahrnehmungseinstellung bei der Diagnostik von Ich-Funktionen können hier nur zu leicht dazu führen, daß das empathische Verstehen des Patienten nicht ergänzt, sondern ersetzt wird von einer verdinglichenden Beschreibung gestörter Funktionsmerkmale.

Die Diagnostik von Ich-Funktionsstörungen ist also kaum je als »objektiv« anzusehen, sondern bleibt in jedem Fall an einen interpersonellen Prozeß gebunden, in dessen Verlauf sich die Beteiligten wechselseitig typisieren und interpretieren (vgl. ebenda). Ich halte es deshalb mit Nitzschke (1994, S. 41) für sinnvoll, im diagnostischen Prozeß neben der Erfassung von Ich-Funktionsdefiziten auch weiterhin, quasi komplementär, die traditionelle, auf Übertragungs- und Gegenübertragungsprozesse ausgerichtete psychoanalytische Wahrnehmungseinstellung beizubehalten. Fürstenau (1977, S. 206) konstatiert, daß *beide* diagnostischen Arbeitsdimensionen »dauernd ... gegenwärtig« sein müssen, so daß eine »Dialektik des zweidimensionalen Umgangs« mit dem Patienten (ebenda) die Diagnostik bestimmt.

Die in den letzten Jahren unter Federführung von Heigl und Heigl-Evers speziell für Patienten mit sogenannten Frühstörungen und insbesondere auch für Suchtkranke (vgl. Heigl, Schultze-Dierbach & Heigl-Evers, 1984) entwickelte »psychoanalytisch-interaktionelle Methode« (Heigl-Evers & Heigl, 1983; Heigl-Evers & Streeck, 1985; Heigl-Evers & Ott, 1994; Heigl-Evers & Heigl, 1994) beinhaltet in diesem Zusammenhang diagnostische Maßnahmen, die den Übertragungs- und Gegenübertragungsphänomenen bei der Eruierung des individuellen Ausmaßes von Ich-Funktionsdefiziten einen hohen Stellenwert einräumen. Heigl-Evers & Heigl (1983, S. 11):

> Die Aufmerksamkeit des Therapeuten wird vornehmlich auf den manifesten interpersonellen Prozeß ausgerichtet, auf die verbalen und nonverbalen Äußerungen des Patienten und die dadurch beim Therapeuten und, in der Gruppe, auch bei den anderen Teilnehmern ausgelösten emotionalen und assoziativen Reaktionen. Diese Außen- und Innenwahrnehmungen werden diagnostisch unter ich-strukturellen Gesichtspunkten verarbeitet; es geht darum, eine phänomenologische Feststellung beobachtbarer Ichfunktions-Mängel und eventueller Kompensationen zu treffen. Dabei sind freilich immer die pathogenen (inneren) Objekte mutmaßend (jedoch nicht deutend) zu erfassen, die mit den betreffenden defizitären Ich-Funktionen korrespondieren.

Das interaktionelle Verhalten von Patienten mit schweren, zur »niederen« Strukturebene der Charakterpathologie hin tendierenden Neurosen ist nach Heigl-Evers, Rosin & Heigl (1994, S. 184) durch ein Phantasieleben gekennzeichnet, in dem pathologische, das heißt primitiv-archaische Objekte dominieren. Diese zumeist aus Sozialisationsschädigungen und Traumatisierungen der präödipalen Zeit heraus entstandenen »apersonalen« oder »Teil-«Objektbeziehungsmuster (ebenda, S. 187) weisen, wie es auch Kernberg (1990, S. 171) beschreibt, eine mangelnde emotionale Objektkonstanz im Sinne des Fehlens von affektiv ambivalent erlebbaren, »ganzen« inneren Objekten auf.[17]

17 Statt dessen dominieren gegenüber den Objekten und ihren Repräsentanzen »ambitendente« Verhaltensweisen und Einstellungen. Mahler et al. (1980, S. 140) verstehen unter dem Begriff der »Ambitendenz« den für den Ambivalenzkonflikt der Wiederannäherungsphase charakteristischen Widerstreit miteinander unvereinbarer Bestrebungen und Affekte, so zum Beispiel das rasche Wechseln zwischen Anklammerungstendenzen und dem Fortstoßen der Mutter. Wie die neuere Bindungsforschung jedoch gezeigt hat (vgl. Mertens,

> Entsprechend sind die Beziehungen solcher Patienten zu den Mitmenschen auffallend apersonal: Sie sind häufig mehr wahrnehmungs- als vorstellungsgeleitet; sie sind nicht selten durch einen überwiegend imitierenden Bezug gekennzeichnet und auf unmittelbare Bedürfnisbefriedigung durch den anderen ausgerichtet. (Heigl-Evers, Rosin & Heigl, 1994, S. 185)

Heigl-Evers & Henneberg-Mönch (1990, S. 42) merken an, daß die emotionale Qualität der zumeist präödipal determinierten (Teil-)Objektbeziehungspathologien durch das Vorherrschen massiver, undifferenzierter und wenig gemilderter bzw. »gezähmter« Affekte bestimmt wird. Bei diesen Patienten, die ihr affektives Erleben oft in Extremen ausdrückten, sei das Phänomen der »Affektüberflutung« (ebenda, S. 43) – im Sinne der von mir in Kapitel 3.3 beschriebenen Affektregression – oftmals zu beobachten. Ebenso wie Wurmser (1987) gehen daher auch Heigl-Evers & Henneberg-Mönch (1990, S. 43) bei den schweren Neurosen und Patienten mit ich-strukturellen Defiziten von massiven Affektregulationsstörungen aus, die durch die weitgehende Unfähigkeit zur En- und Decodierung[18] von Affekten gekennzeichnet sind.

Im Unterschied zum Ansatz Wurmsers und den Ergebnissen der Säuglings- und Emotionsforschung ist die entwicklungspsychologische Fundierung der psychoanalytisch-interaktionellen Methode jedoch weiterhin an dem Konzept der normalen frühkindlichen Spaltung nach Mahler et al. (1980) und Kernberg (1981) orientiert. Zur Erinnerung: Sowohl Mahler und Mitarbeiter als auch Kernberg gehen davon aus, daß der Säugling nach dem »Bersten der autistischen Schale« seine Umwelt dichotom in Gut/böse-Schablonen ordnet. Mertens (1992, S. 234):

1992, S. 288), sind intensiv ambitendente Verhaltensweisen im zweiten Lebensjahr nicht entwicklungsnormativ, sondern treffen nur für solche Kinder zu, deren Mütter aufgrund ihrer Pathologie (zum Beispiel Depressionen oder Alkoholismus) eine unsichere Bindung zu ihrem Kind haben entstehen lassen.

18 Heigl-Evers & Heigl (1984, S. 239) definieren diese beiden Begriffe unter Bezugnahme auf Dorsch (1976) folgendermaßen: »Enkodieren heißt das In-Sprache-Fassen mitteilungswürdiger Inhalte, Dekodieren heißt das Aufnehmen und Verstehen sprachlicher Mitteilungen durch den Empfänger«.

> Bei dieser Form der Spaltung wird davon ausgegangen, daß enttäuschende (»böse«) und liebevolle (»gute«) Repräsentanzen der Mutter (bzw. der Eltern) in der Erfahrung voneinander getrennt gehalten werden … Trotz enttäuschender Erfahrungen kann das Kind damit an der Illusion festhalten, daß es weiterhin von seiner Mutter geliebt wird …

Werden, so Mertens (ebenda) weiter, die Frustrationen jedoch zu stark, so versuche sich das Kind aus Selbstschutz das gute Mutterbild aktiv zu erhalten: Es behält die Spaltung der ersten zwei Lebensjahre bei und setzt sie fortan als Abwehrmechanismus ein. Mertens (1992, S. 234):

> Als Faustregel kann somit angenommen werden: Je schwieriger die Interaktion zwischen Mutter (Vater) und Kind – aus einer Vielzahl von Gründen – ist, desto stärker ist die reaktive Aggression und desto intensiver das Bedürfnis, die Repräsentanzenwelt in »gut« und »böse« zu spalten.

Die nun pathologisch persistierenden, apersonalen und in »gut« und »böse« gespaltenen Teilobjektbeziehungsmuster schränken, diesem Verständnis nach, im späteren Leben den Einsatz bestimmter differenzierender Ich-Funktionen ein. So würde zum Beispiel eine hinreichend entwickelte Affektdifferenzierung die emotionale Spaltung der Repräsentanzenwelt in zwei konträre Kategorien – und damit auch die gesamte Abwehr der frühkindlichen Traumata – sofort in Frage stellen.

Ich hingegen verstehe die affektiv polarisierten Teilobjektbeziehungsmuster der schweren Neurosen und Persönlichkeitsstörungen mit Wurmser (1987) nicht als traumatisch persistierende Relikte einer entwicklungspsychologisch normalen Phase, sondern als *generell* pathologische, aus der frühen Abwehr überwältigender Affekte heraus entstandene Formationen. Wie ich in Kapitel 3.2 mit den Ergebnissen der neueren Säuglingsforschung aufzuzeigen versucht habe, ist das ursprüngliche Erleben des Säuglings mit hoher Wahrscheinlichkeit einheitlich und gerät erst bei starken, fortgesetzten Frustrationen unter den dauerhaften Einfluß des Aversionssystems. Das unterbrochene Einheitserleben wird dann *später*, mit dem Einsetzen der Symbolisierungsfähigkeit, in globale, »rigide« und apersonal anmutende Identifikationssysteme transformiert. Diese wiederum führen dann – im Verbund mit archaischen Abwehrmechanismen – zu dissoziierten Ich- und Über-Ich-Zuständen und (projektiv) zu einer gespaltenen Welt der inneren und äußeren Objekte. Insbesondere die Projektionen und Externalisierungen des archaisch-strafenden Über-Ichs (masochistische Pathodynamik) und seines reaktiv entstandenen Gegenspielers, des narzißtischen Größenselbst (narzißtische Pathodynamik), können in diesem Sinne als apersonale, mit extremen Affektqualitäten ausgestattete Teilobjektübertragungen verstanden werden.

Es sind ebendiese archaischen Partialobjektübertragungsmuster mit ihren extremen affektiven Valenzen, die in der psychoanalytisch-interaktionellen Methode durch die Nutzung der therapeutischen Gegenübertragung differentialdiagnostisch erfaßt werden. Heigl-Evers & Henneberg-Mönch (1990, S. 44):

> Wenn die Annahme stimmt, daß eine gewisse Zuordnung zwischen der aktuellen Übertragung des Patienten und den dadurch ausgelösten affektiven (und assoziativen) Reaktionen des Therapeuten besteht, dann sollte es möglich sein, aus den Reaktionen des Therapeuten auf die Übertragungsangebote des Patienten rückzuschließen. Soweit diese Übertragungsangebote durch den aktuell wirksamen dominanten Objektbeziehungsmodus und die dazugehörigen Repräsentanzen determiniert sind, können diese durch solche Rückschlüsse erfaßt und somit in das diagnostische Urteil einbezogen werden. Auf diese Weise kann – das lehrt die klinische Erfahrung – eine erste differentialdiagnostische Abgrenzung von präödipalen und ödipalen aktuell dominierenden Objektbeziehungsmodi vorgenommen werden.

Solche Rückschlüsse basieren überwiegend, so Heigl-Evers & Henneberg-Mönch (ebenda) weiter, auf den affektiven Anteilen der Reaktionen des Therapeuten. Nach klinischer Erfahrung würden die affektiven Antworten des Therapeuten auf das Übertragungsangebot des Patienten anders ausfallen, wenn er sich vom Patienten unter Partialobjekt-Aspekten angesprochen fühlt, als wenn es ein Ganzobjekt-Beziehungsangebot des Patienten ist, auf das er sich einstellt.

> Fühlt sich der Therapeut vom Patienten auf ein Teilobjekt reduziert und – damit verbunden – überwiegend instrumental beansprucht, »benutzt«, so wird er darauf entweder frustriert und

> entsprechend aversiv und/oder auch aggressiv reagieren, oder er wird die Teilobjekt-Beanspruchung zunächst akzeptieren und mit eher übermäßigen Zuwendungsaffekten und daraus resultierender Bereitschaft zur Verantwortungsübernahme und Fürsorglichkeit reagieren. Diese Reaktionsweise wird dann nicht selten nach einiger Zeit durch eine gegenläufige aversiv-aggressive abgelöst. Die diagnostische Wertigkeit der hier beschriebenen Rückschlüsse basiert auf solchen Zuordnungen. (Ebenda, S. 44)

Die affektiven Antworten des Therapeuten auf ein Ganzobjekt-Beziehungsangebot des Patienten sind dagegen nach Heigl-Evers & Henneberg-Mönch (ebenda) »eher leiser, distanzierter, auch nuancierter«. Der Therapeut spüre oft ein gewisses neugieriges Interesse, von seinem Patienten mehr zu erfahren. Diese distanzierte Sympathie könne damit zusammenhängen, daß das Angebot einer Ganzobjekt-Beziehung dem Angesprochenen einen ungleich größeren Entfaltungsraum für das eigene Erleben biete als eine Teilobjekt-Beziehung, die immer einen heftigen Zugriff auf den Adressaten beinhalte. Mit einem Ganzobjekt-Beziehungsangebot sei dagegen immer auch ein ausreichendes Maß an libidinöser Bereitschaft verbunden, die es dem Patienten ermögliche, die Realperson des Therapeuten in Betracht zu ziehen und grundsätzlich gelten zu lassen. Das Übertragungsangebot sei hier weniger direkt und weniger massiv, es entfalte sich in der Regel erst allmählich im Rahmen einer therapeutisch bewirkten Regression.

Kernberg (1990, S. 73) sieht die Gegenübertragung des Therapeuten ebenfalls als ein wichtiges diagnostisches Instrument zur Einordnung des Patienten auf einer der Strukturebenen seiner Charakterpathologie an. Er stellt fest (ebenda), daß der Therapeut im Umgang mit Borderline-Fällen und schwer regredierten Patienten – anders als bei Patienten mit Symptomneurosen oder leichteren Charakterstörungen – oft schon in frühen Stadien der Behandlung heftige Gefühlsreaktionen erlebt. Diese hätten mehr mit der »überstürzten, intensiven, chaotischen Übertragung des Patienten und mit der allgemeinen Fähigkeit des Therapeuten, psychischen Streß und Angst auszuhalten, zu tun ... als mit irgendeinem speziellen Problem aus seiner eigenen Vorgeschichte«. Kernberg (ebenda, S. 74) führt weiter aus:

> Je frühzeitiger und heftiger die emotionale Reaktion des Therapeuten auf den Patienten ausfällt, je mehr sie die Wahrung seiner Neutralität bedroht und je fluktuierender, sprunghafter, chaotischer sie wird, desto eher wird der Therapeut annehmen können, daß er es mit einem schwer regredierten Patienten zu tun hat. Am anderen Ende unseres Spektrums steht die Arbeit mit Patienten, die unter Symptomneurosen oder nicht allzu schweren Charakterstörungen leiden; hier kommen derart intensive Gefühlsreaktionen des Therapeuten nur vorübergehend und kurzfristig vor, und das auch im allgemeinen erst, nachdem sie sich schon über geraume Zeit hin allmählich »aufgebaut« haben (also in der Regel nicht schon während der Initialphase); sie sind auch längst nicht so bedrohlich für die Stabilität und Neutralität des Analytikers.

Der hier von mir in Ansätzen umrissene differentialdiagnostische Ansatz der psychoanalytisch-interaktionellen Methode, der eine strukturelle Analyse des Ichs mit der ständigen Auswertung der Übertragungs- und Gegenübertragungsangebote im interaktionellen Feld von Patient und Therapeut verbindet, involviert ein »szenisches« Verständnis, wie es von Argelander (1970b) beschrieben worden ist. Demnach werden unbewußte innerpsychische Prozesse und Konflikte vom Patienten unter den Bedingungen der aktuellen Situation durch Übertragung auf den Therapeuten oder die Mitpatientengruppe neuinszeniert. Dieses Übertragungsangebot infantiler Konfigurationen umfaßt nach Argelander (ebenda, S. 327 f.) nicht nur unbewußte Triebübertragungs-Konstellationen, sondern auch die Rolle, die der Therapeut für die Entwicklung von Ich-Fähigkeiten spielt (als Schutz-, Hilfs- oder Identifikationsobjekt). Die Fähigkeit des Ichs, in analytischen Situationen und unter dem Eindruck von aktuellen Ereignissen unbewußte Konfigurationen situationsgerecht zur Darstellung zu bringen und zu einer Gestalt im gestaltpsychologischen Sinne zu verarbeiten, wird von Argelander (ebenda, S. 336) auf vorbewußte Prozesse, die »mit ungeheurer Geschwindigkeit und Präzision ablaufen«, zurückgeführt. Argelander an anderer Stelle (1970a, S. 61):

> Diese kreative Fähigkeit zur szenischen Gestaltung der unbewußten Konflikte bringe ich mit einer spezifischen Ichfunktion in Zusammenhang und nenne sie die szenische Funktion des Ich – eine bewundernswerte Begabung des Menschen.

Argelander (1970b, S. 334 f.) beschränkt diese szenische Kompetenz des Ichs ausdrücklich nicht nur auf »klassische« Übertragungsneurosen. Unter Verweis auf Kohut (1966) beschreibt er auch narzißtische Übertragungen als in der analytischen Situation unbewußte, aktuelle und szenengerechte Phänomene. Auch narzißtische (Größenselbst-) und masochistische (Über-Ich-) Übertragungen stellen also szenische Arrangements im Sinne projizierter oder externalisierter Partial-Objektbeziehungsmuster dar. In ihrer spezifischen affektiven Qualität weisen sie oftmals auf tiefere Konflikte und Traumatisierungen hin.

Sowohl das ambulante als auch das stationäre therapeutische Setting können, wie Janssen (1993, S. 378) in diesem Zusammenhang feststellt, als szenischer Raum für die Auswertung von Übertragungs- und Gegenübertragungsprozessen genutzt werden. In der ambulanten Praxis werde ein Setting zum Ausgangspunkt gewählt, in dem die durch Übertragung reaktivierten Konflikte in einer ausschließlich dyadischen Beziehung zur Darstellung kommen können. Die Informationen und Prozesse richten sich hier, so Janssen (ebenda, S. 379), auf einen Therapeuten, während im klinisch-stationären Setting multipersonale Beziehungen wirksam werden. Der Patient kann in der Klinik unterschiedliche Interaktionsmöglichkeiten zu verschiedenenen Therapeuten (Ärzte, Diplompsychologen, Schwestern, Pfleger, Musik- und Maltherapeuten, Bewegungstherapeuten u. a.) wahrnehmen und ausagieren. Besonders ich-strukturell gestörten Patienten werde somit die Möglichkeit gegeben, ihre archaischen Partial-Objektbeziehungsmuster in Übertragungsprozessen innerhalb des multipersonalen Beziehungsfeldes zu entfalten. Janssen (ebenda, S. 382):

> Das Behandlungsteam mit seinen verschiedenen Beziehungsebenen kann die dispergierenden Übertragungen aufnehmen und bearbeiten. Die Zielsetzung ist, daß der Patient in dem multipersonalen, therapeutischen Beziehungsnetz seine internalisierten pathologischen Objektbeziehungen im »Hier und Jetzt« reinszenieren kann und mit Hilfe der Therapeuten Einblick in seine infantilen, pathogenen Objektbeziehungen gewinnt, um über neue Einsichten und Erfahrungen in den therapeutischen Beziehungen eine innere Veränderung einleiten zu können.

Im folgenden Kapitel werde ich anhand von drei Fallbeispielen stationär behandelter pathologischer Spieler den von mir hier grob skizzierten diagnostischen Ansatz verdeutlichen und dabei gleichzeitig meine in den Kapiteln 3.2 und 3.3 erarbeiteten Ausführungen zum psychanalytisch-differentiellen Verständnis der Spielsucht in die klinische Praxis umsetzen.

4. Fallbeispiele

Die folgenden Fälle von Spielsucht stammen aus der stationären Psychotherapie mit alkohol-, medikamenten- und glücksspielabhängigen Patienten. Namen und Daten der Patienten sind aus Gründen der Anonymität verändert.

Die psychodynamischen Interpretationen der Fallbeispiele sind an den theoretischen Ausarbeitungen des letzten Kapitels orientiert; sie verbinden eine auf Beobachtung basierende, strukturelle Ich-Analyse mit der Auswertung der Übertragungs-Gegenübertragungs-Dynamik zwischen Team und Patient. Vorangestellt sind diesem psychoanalytischen Zugang zu den Spielern einführende Fallbeschreibungen, welche in knapper Form die in Aufnahmegesprächen sowie einzel- und gruppentherapeutischen Sitzungen eruierten Vorgeschichten der Patienten skizzieren. Darüber hinaus werden in diesen patientenzentrierten Einleitungen erste Eindrücke zu den individuellen Therapieverläufen vermittelt.

4.1 Herr M.

4.1.1 Einführende Fallbeschreibung

Herr M., ein Patient Mitte dreißig, war auf unserer Station mit dem Ziel einer langfristigen Sucht-Entwöhnungsbehandlung aufgenommen worden. Er war Spieler, alkoholabhängig und neigte zu gelegentlichem Tabletten- und Cannabismißbrauch. Der seit einigen Jahren in erster Ehe geschiedene und kinderlose Patient war von Beruf Elektriker mit einer festen Anstellung bei der Bundesbahn. Mit dem Spielen um Geld hatte er schon in der Lehre begonnen. Hatte sich das Glücksspiel bei ihm anfangs noch auf Würfeln um Geldbeträge in den Betriebspausen beschränkt, so fing er schon bald an, auch in seiner Freizeit Spielcasinos und Spielhallen aufzusuchen, wo er an das Automatenglücksspiel gelangte. In den Automatencasinos spielte Herr M. nach einer kurzen Einstiegszeit nahezu täglich, exzessiv (meistens an 3 bis 4

Automaten gleichzeitig) und ruinös. Da er die Geldspielautomaten selten vor dem vollständigen Verlust seines Geldes verließ, beliefen sich seine Spielschulden zeitweilig auf etliche zehntausend Mark.

Im Gegensatz zu den vergleichsweise ausufernden Schilderungen seiner Spielsucht bagatellisierte der Patient in der Anfangsphase der Behandlung seine Alkoholabhängigkeit und den Mißbrauch von Drogen. Bei genauerer Exploration seines Suchtverhaltens wurde jedoch deutlich, daß Herr M. sich schon in seiner Jugendzeit, parallel zu seinem Einstieg in das pathologische Glücksspiel, zum Pegeltrinker entwickelt hatte. Eine deutliche Steigerung seines täglichen Alkoholkonsums schien sich dabei eingestellt zu haben, als er nach dem Abschluß seiner Elektrikerlehre und seiner anschließenden Einstellung bei der Bundesbahn eine Fortbildung zum Lokomotivführer im Rangierbetrieb absolvierte. Der Patient führte diese Intensivierung seines Suchtmittelkonsums im nachhinein auf die mit der Tätigkeit im Fahrerdienst verbundene hohe Verantwortung und die dadurch bedingte innere Anspannung zurück. Nachdem es nach dieser Steigerung seines Trinkverhaltens zu einer Abmahnung seines Arbeitgebers gekommen war, wurde Herr M. aus dem aktiven Fahrerdienst entfernt und arbeitete seither im Wartungsdienst der Bundesbahn. Der durchschnittliche Alkoholkonsum von Herrn M. lag dann in den letzten Jahren vor seiner aktuellen Klinikaufnahme bei mehreren Litern Bier pro Tag, mit Trinkexzessen an den Wochenenden und der zunehmenden Tendenz, auf »härtere« Spirituosen (Weinbrand, Schnaps) umzusteigen. Zuletzt litt er bei Unterschreitung seines gewohnten Alkoholpegels an ausgeprägten Entzugssymptomen, wie zum Beispiel Tremor der Hände, Brechreiz und Durchfall.

Die Kindheit von Herrn M. war, seinen Schilderungen zufolge, über weite Strecken von der sadistischen Willkür seines alkoholabhängigen Vaters geprägt. Dieser hatte ihn immer wieder in betrunkenem Zustand und zumeist völlig grundlos verprügelt und keine Gelegenheit ausgelassen, ihn zu entwürdigen oder zu erniedrigen. Seine Mutter, die den Übergriffen des Vaters anscheinend selten Einhalt geboten hatte, beschrieb der Patient als überwiegend kalt und gefühllos. Sie hätte ihn statt mit emotionaler Wärme nur mit Zuwendungen materieller Art versorgt. Wenn es ihm seelisch schlecht gegangen sei, habe sie ihm meist Geld zugesteckt, um sich die Beschäftigung mit seinen Problemen zu ersparen. Die einige Jahre jüngere Schwester, die von seinem Vater wohl sehr viel weniger mißhandelt worden war, überging Herr M. anfangs in seinen Schilderungen. Erst auf unser Nachfragen hin erwähnte er, daß er eine Schwester habe und daß diese sowohl vom Vater als auch von der Mutter ihm gegenüber vorgezogen worden sei. Zu sämtlichen Familienangehörigen hatte der Patient seit dem frühen Erwachsenenalter keinen Kontakt mehr. Er gab an, schon in der Kindheit viel Zeit allein verbracht zu haben. Er sei »im Grunde immer allein gewesen« und habe vor tieferen menschlichen Kontakten meistens die Flucht ergriffen. Sein Zuhause und die Schule habe er als Gefängnis empfunden, weswegen er sich auch in späteren Jahren immer sehr schnell eingeengt gefühlt hätte.

Freundschaften oder festere Bindungen hatte Herr M. im Laufe seines Lebens auch außerhalb der Familie, zum Beispiel im Arbeitsbereich, kaum herstellen können. Oberflächliche Bekanntschaften hatten sich lediglich über seine exzessiv betriebenen Extremsporthobbies ergeben. Diese mit nicht unerheblichen gesundheitlichen Risiken verbundenen sportlichen Aktivitäten wie Kampfsport, Free-Climbing (eine Variante des Bergsteigens ohne Sicherung) und Snow-Board-Fahren waren für den Patienten, wie er es selbst beschrieb, ein Ventil für seine innere Anspannung und seinen allgemeinen »Frust«. Er sei in seiner aktiven Kampfsportzeit unter Alkoholeinfluß ein ziemlicher »Schlägertyp« gewesen, der die erlernten Kampftechniken ab und an in selbstprovozierten Prügeleien »ausprobiert« hätte. Durch das Free-Climbing und das Snow-Board-Fahren habe er darüber hinaus versucht, sich zu spüren, ohne auf Mitmenschen zugehen zu müssen.

In der Anfangsphase der stationären Entwöhnungsbehandlung war Herr M. sehr unruhig. Er grübelte viel und hatte permanente Schlafstörungen. Auf Belastungssituationen in der Gruppentherapie und in Einzelgesprächen reagierte er häufig mit Panikanfällen (geprägt durch die Angst zu sterben oder verrückt zu werden) und mit verbal-aggressiven Impulsdurchbrüchen. Manchmal verließ der Patient die Gruppensitzungen in einem Angstanfall fluchtartig und gab hinterher an, er habe die Spannung in den konfrontativen Situationen nicht mehr aushalten können.

Bei Überlastung zeigte der Patient auch starke Somatisierungstendenzen. Er klagte dann über »Herzschmerzen«, worunter er krampfartige, von körperlicher Belastung unabhängige Schmerzen in der Brust verstand. Diese Brustschmerzen, so gab er an, habe er schon seit seiner Kindheit gekannt; sie seien lediglich in Phasen exzessiven Alkoholkonsums zeitweilig verschwunden gewesen. Rückenschmerzen im Bereich der Brustwirbelsäule, Magenbeschwerden und migräneartige Kopfschmerzen gehörten bei Herrn M. ebenfalls zum Beschwerdebild. Die von uns in die Wege geleiteten somatischen Untersuchungen ergaben jedoch allesamt keinen Befund.

Durch sein Mißtrauen und seine Angst vor Nähe, vor allem aber wegen seiner häufigen verbal-aggressiven Attacken war Herr M. zu Beginn der Therapie in der Patientengruppe ein Eigenbrötler, der kaum Freundschaften schloß und einen isolierten Eindruck machte. Es fiel ihm relativ schwer, sich in die emotionale Reaktion anderer auf sein Verhalten einzufühlen und seine Problematik in Konfliktsituationen wie ein Außenstehender zu betrachten. Ein essentieller Leidensdruck durch die sozialen und zwischenmenschlichen Folgen der Sucht bestand bei dem Patienten daher zunächst eher wenig.

Überhaupt hatte Herr M. auf das Team von Anfang an nicht den Eindruck eines »klassisch« Süchtigen gemacht. Im Vordergrund stand für uns bei dem Patienten mehr seine durch die Impulsdurchbrüche und eine allgemein heftige Emotionalität geprägte psychische Symptomatik. Mit der näheren Betrachtung seiner schweren Affekt- und Impulsdurchbrüche möchte ich im folgenden auch zur Psychodynamik von Herrn M. überleiten.

4.1.2 Psychodynamische Interpretation

Die beiden für Herrn M. zentralen, oftmals in überflutender Qualität und mit starken somatischen Äquivalenten erlebten Gefühle waren die der Angst und Wut. Nach Krause (1990, S. 663) dienen diese beiden Primäremotionen im Normalfall der zwischenmenschlichen Distanzregulierung. Sie verhalten sich komplementär zueinander: Während das wütende Subjekt seinen Raum behauptet und versucht, das Objekt zu vertreiben, zieht sich das ängstliche Subjekt zurück und überläßt dem Objekt seinen Raum. Beide Affekte wurden von Herrn M. im Sinne einer zweifach gestaffelten »Deckabwehr« (Greenson, 1958/1982, S. 73) der darunterliegenden, traumatisch bedingten Gefühle von Scham[19], Hilflosigkeit und Ohnmacht unbewußt »eingesetzt«.

Die häufigen und massiven Angstattacken von Herrn M. lassen sich dabei als erste Schicht dieser (Affekt-)Abwehr verstehen, als phobischer Persönlichkeitskern oder Komplex traumatischer Angst, der ihn bei jeder stärkeren aversiven Gefühlsregung zu überschwemmen drohte. Durch seine Panikanfälle brach der Patient in für ihn potentiell traumatischen Situationen immer wieder eine differenzierte Nähe-/Distanzregulierung zu seinen inneren wie äußeren Objekten zugunsten einer generalisierten Flucht vor der Objektwelt ab. Dieser regelmäßig auftretende Ausfall der Signalangst – welche normalerweise durch die intrapsychische Antizipation von bedrohlichen Situationen eine angemessene Objektbeziehungsregulierung ermöglicht – ist nach Krause (1990, S. 674) für viele schwerere Affektstörungen charakteristisch und spiegelt die Schwere des ursprünglichen Traumas wider. Der konkrete Inhalt der Panikattacken von Herrn M., die Angst davor, verrückt zu werden oder zu sterben, drückte bei diesem archaischen Abwehrgeschehen in verschobener und verdichteter Form die Verdinglichung, Mißachtung und Nivellierung des eigenen Selbst in den wiederholten Mißhandlungen seiner Kindheit aus.

Durch die Abwehrmechanismen der Affektumkehrung und der Wendung vom Passiven ins Aktive wurde von dem Patienten darüber hinaus, in einem zweiten Schritt der Affektabwehr, die unerträgliche, allgegenwärtige Angst oftmals in ihr Gegenteil, in Wut und Verachtung, »verwandelt«. Auch seine Süchte mit den

19 Nach Wurmser (1994, S. 9) ist es bei extrem und/oder langandauernden Traumatisierungen vor allem das Gefühl der überwältigenden Scham, unter Umständen kombiniert mit Ekel, das die elementare Reaktion des Opfers bestimmt. Der Scham-Affekt ist, so Wurmser (ebenda), auch bei »rein« seelischen, ohne körperliche Gewalt ablaufenden Mißhandlungen der Ausdruck eines massiven Unwertgefühls »als Antwort darauf, daß jeder Versuch, das eigene Selbst, die eigenen Gefühle und Wünsche, den eigenen Willen anzumelden, als unpassend, unannehmbar und verächtlich behandelt worden ist«.

dazugehörigen Schutzsystemen und -objekten sowie die Extremsporthobbys dienten Herrn M. unbewußt als kontraphobische Abwehr der permanent drohenden Panikattacken.[20]

Die Somatisierungstendenzen stellten bei dem Patienten eine weitere »Verteidigungslinie« gegen die Angst im Sinne einer – bei schwereren Neurosen und Persönlichkeitsstörungen häufig zu beobachtenden – Konversionssymptomatik dar (vgl. Rohde-Dachser, 1989, S. 47). Sie bewirkten bei ihm, zusätzlich zu den intrapsychischen Abwehrmechanismen, den Süchten und den kontraphobischen Aktivitäten, eine Verschiebung von Teilen seines immensen Angstpotentials auf den eigenen Körper.

Durch den erzwungenen Wegfall seiner habituellen Abwehrmechanismen (Sucht, Nervenkitzel der Hobbies, Rückzug von menschlichen Kontakten) während seines Aufenthalts auf unserer Station wurden die von Herrn M. in seinem Alltag nur mühsam »in Schach« gehaltenen Ängste und Wutausbrüche massiv aktiviert. Angst und Wut sowie die Gefühle von Scham und Ohnmacht, die sich unter diesen beiden Deckaffekten verbargen, wurden innerhalb unseres stationären Rahmens jedoch nicht nur von dem Patienten selbst, sondern in Form von Gegenübertragungsreaktionen auch von seinen Mitpatienten und Mitgliedern des therapeutischen Teams erlebt: Da Herr M. die in seiner Kindheit erlittenen und in seinem Über-Ich internalisierten Mißhandlungen in Form von narzißtisch gefärbten Aggressionen häufig nach außen wandte – der Abwehrmechanismus der »Verkehrung ins Gegenteil« (vgl. Wurmser, 1987) –, nahm das personelle Gegenüber des Patienten stellvertretend für ihn die verleugneten (Angst-)Gefühle des traumatisierten Opfers wahr. Das von Herrn M. durch seine kontramasochistischen Aggressionen abgewehrte Über-Ich kehrte jedoch in seiner strafenden und reglementierenden Form immer dann zu ihm zurück, wenn die Gegenübertra-

20 Manches Agieren und viele Impulshandlungen stellen nach Wurmser (1983, S. 86) den Versuch dar, magisch-omnipotente Herrschaft über das Unkontrollierbare und Beängstigende zu gewinnen, und dienen daher der Abwehr von Angst und Ohnmachtsgefühlen. »Man wagt das Äußerste, läuft das Risiko von Trennung, Erniedrigung, Körperverletzung, um die Angst vor diesen Gefahren ›gegenphobisch‹ als unbegründet zu beweisen« (Wurmser, 1987, S. 49).

gungsreaktion des therapeutischen Teams von anfänglicher Angst und Einschüchterung zu ärgerlichen Strafimpulsen hin kippte. Diese »Rückkehr des Abgewehrten« stellte somit eine Externalisation seines archaischen, traumatisch verzerrten Über-Ich dar. Es war sowohl auf seiten der Mitpatienten von Herrn M. als auch innerhalb des Teams ein »Oszillieren« zwischen diesen beiden Gegenübertragungsreaktionen (Opfer versus Aggressor) zu beobachten.

Komplementär zu dieser Abwehr und Externalisierung seines Über-Ichs war bei dem Patienten phasenweise eine Idealisierung einzelner Therapeuten zu beobachten. Die Idealisierungen von Herrn M. waren dabei meistens derart überzogen, daß schon bald ein Distanzbedürfnis die Reaktionen der betroffenen Teammitglieder bestimmte. Mit Wurmser (1987, siehe Kapitel 3.2) lassen sich diese einseitig »guten« Objekte des Patienten als immer wieder projektiv in die Objektbeziehungen verlagerter Bestandteil seines narzißtisch-omnipotenten, als Gegenpol zum sadistischen Über-Ich herausgebildeten Ich-Ideals verstehen. Daß diese narzißtisch-idealisierenden Übertragungen des Patienten in der Regel relativ instabile Reaktionsbildungen gegen phobisch-paranoide Projektionen waren, zeigte sich besonders immer dann, wenn der Patient nach unausweichlichen Konfrontationen und Enttäuschungen die zuvor idealisierten Teammitglieder plötzlich entwertete und in seiner Phantasie zu nur »bösen« Objekten verwandelte.

Wie durch die heftigen, durch Angst, Wut, Hilflosigkeit und Distanzbedürfnisse gekennzeichneten Gegenübertragungsreaktionen des Teams und der Patientengruppe deutlich wurde, hatten die Übertragungsangebote von Herrn M. überwiegend Partialobjekt-Charakter in dem von Heigl-Evers & Henneberg-Mönch (1990) beschriebenen Sinne. Der Patient nahm sein personelles Gegenüber zumeist nicht als ein selbständiges Fühl- und Handlungszentrum wahr, sondern benutzte es als »Bühne« zur interaktiven Inszenierung verleugneter Selbstanteile und der dazugehörigen archaischen Affektqualitäten. Die häufige Verzerrung seiner inneren wie äußeren Objektbeziehungen zu ambitendent erlebbaren Teil-Objekten war bei Herrn M., in strukturellen Termini ausgedrückt, auf eine mangelhafte Ich- und Über-Ich-Integration bzw. auf das »Syndrom der Identitäts-Diffusion«

(Kernberg, 1988, S. 27) und die mit ihr verbundenenen projektiven Prozesse (siehe Kapitel 3.2) zurückzuführen.

Die Vorgeschichte von Herrn M. hatte offenbart, daß er sein Selbst- und Identitätsgefühl schon seit seiner Jugendzeit zumeist nur durch archaische, toxisch verstärkte Abwehrmechanismen hatte aufrechterhalten können. Es wurde vor allem immer dann in Frage gestellt, wenn Bindungs- oder Beziehungsperspektiven »drohten«. Wie viele in ihrer Kindheit seelisch und/oder körperlich Mißhandelte setzte der Patient in seinen unbewußten Phantasien Bindung mit Grenzüberschreitung und Traumatisierung gleich (Bindung = »Claustrum« = Trauma; vgl. Wurmser, 1987). Jede intensive Nähe mußte daher bei ihm zu unerträglichen Ängsten und, reaktiv, zu aggressiven Impulsdurchbrüchen führen. Insbesondere die Beziehungen von Herrn M. zu Frauen waren durch diese archaische Bindungsangst gekennzeichnet. Die in seinen festen Partnerschaften ebenfalls regelmäßig auftauchenden symbiotischen Phantasien stellten, im Kontrast hierzu, die symbolische Überarbeitung seiner parallel zu den Beziehungsängsten existierenden Sehnsucht, »präverbal verstanden zu werden« (Krause, 1990, S. 654), dar.

Das bei Herrn M. bestehende Nebeneinander von archaischer Angst vor Nähe einerseits und symbiotischen Phantasien andererseits läßt den Schluß zu, daß er in der frühen Loslösungs- und Individuationsphase (Mahler et al., 1980) – vermutlich auf der Basis einer präverbalen Affektregulationsstörung – nicht zu einer grundlegenden Integration von Bindungs- und Autonomiebestrebungen gefunden hatte. Aufgrund seiner offensichtlich bindungsunfähigen Mutter und wegen der schweren und wiederholten körperlichen Traumatisierungen seitens des Vaters ging es für ihn dabei auf der affektiven Ebene der Individuationsproblematik nicht »nur« um einen Konflikt zwischen Trennungsangst/-schuld und Abhängigkeitsscham, sondern um archaische Vernichtungsangst bei Bindung (= Trauma) versus unerträgliche Einsamkeits- und Leeregefühle bei Trennung.

Mit Winnicott (1958/1984, S. 40) kann bei Herrn M. eine auf gravierende Mängel an »ausreichend guter Bemutterung« zurückgehende »Unfähigkeit zum Alleinsein« konstatiert werden; ein »gutes inneres Objekt« als Zentrum des eigenen Seinsgefühls hatte sich bei dem Patienten aufgrund seiner frühkindlichen Versagungen kaum ausbilden können (vgl. ebenda, S. 41). Wie ich in Kapitel 3.2 dieser Arbeit anhand der Befunde der neueren Säuglings- und Emotionsforschung gezeigt habe, geht dieses später zur Ich-Autonomie führende »gute« innere Objekt aus der Verinnerlichung überwiegend positiv gefärbter affektiver Interaktionen in der frühen Mutter-Kind-Dyade hervor. Mißlingt dieser Prozeß unter dem Einfluß einer als traumatisch erlebten primären Beziehung, so resultiert daraus vor allem eine mangelhafte Erfahrung von integrierter Ganzheit und des Erlebens des »Selbst als Urheber« (Stern, 1992, S. 106). In Anbetracht dieses grundlegenden Mangels an innerer Regulierungskompetenz blieb bei Herrn M. eine Abhängigkeit von äußeren, realen Selbst- und Schutz-Objekten bis ins Erwachsenenalter hinein bestehen. Eine auch nur symbolische Entfernung von den narzißtisch besetzten und zugleich (da »Claustrum«) gefürchteten Schutzobjekten war bei ihm fast immer mit unerträglichen Leeregefühlen und massiven Trennungsängsten verbunden.

Das exzessive Spielen an Geldautomaten war bei dem Patienten also, wie von Schürgers & Haustein (1988) für die Spielsüchtigen mit gravierenden ich-strukturellen Defiziten beschrieben, als Kompensation einer »narzißtischen Lücke« zu verstehen. Im ständigen Wiederholungszwang begab sich Herr M. in die (vermeintlich kontrollierbare) Dyade mit einem unbelebten Vertreter des primären Objekts und versuchte so, unter weitgehendem Rückzug von seinen Mitmenschen, das Drama seiner Kindheit symbolisch verklausuliert zu verarbeiten:

Während die durch die Gewinne erzeugten Allmachtsphantasien den »phobischen Kern« seiner Persönlichkeit (Wurmser, 1983) betäuben und Unabhängigkeit vom »Claustrum« (Wurmser, 1987) vortäuschen sollten, zwangen ihn die anschließend auftretenden, größtenteils unbewußten Schuldgefühle für diese narzißtische Rebellion[21] immer wieder – wie von Bergler (1958) beschrieben – zur Selbstbestrafung im ruinösen Spielverlust und damit zur Wiederannäherung an das Objekt (vgl. Kind, 1988):

21 Wurmser (1987, S. 296) spricht bei den schweren Neurosen von einer als archaisch empfundenen Schuld, die den in das narzißtische Abwehrsystem eingebundenen Wünschen nach Selbstdurchsetzung, Sieg im Wettstreit und Rache in der Regel immer folgt.

ein narzißtisch-masochistischer circulus vitiosus (vgl. Wurmser, 1987).

Daß der Patient schon früh seine Spielsucht und die kontraphobischen Extremsporthobbies durch den Abwehrmechanismus der chemisch (durch Alkohol und Drogen) verstärkten »Affektblockierung« (Wurmser, 1987, S. 222) unterstützt hatte, war ein Indiz dafür, daß die aus seiner phobischen Grundstruktur resultierenden Ängste und Aggressionen durch die stoffungebundenen »Verteidigungslinien« dauerhaft nicht zu binden waren. In diesem Zusammenhang ist auch festzustellen, daß die unzureichende Affekt-/Impulskontrolle und die mangelhafte Frustrationstoleranz des Herrn M. nicht nur in dyadisch strukturierten Konfliktsituationen und narzißtischen Krisen, sondern auch unspezifisch und global bei Streß- und Belastungssituationen allgemeiner Art zu beobachten waren. Ein Beispiel aus der Lebensgeschichte des Patienten war die schon erwähnte Intensivierung seines Suchtverhaltens während der physisch und psychisch anstrengenden Phase im Fahrerdienst der Bundesbahn. Innerhalb des stationären Settings unserer Station reichten zeitweilig schon geringfügige Behinderungen seiner Intentionen aus, um narzißtisch-herablassende oder wütende Reaktionen auszulösen.

Es war diese unspezifische und sprunghafte Impulsivität von Herrn M., die uns regelmäßig auf seine schwere, traumatisch induzierte Affektstörung und die aus ihr resultierenden ich-strukturellen Defizite hinwies. Auch die anderen von Kernberg (1988, S. 18 f.) zum Zwecke der Differentialdiagnostik aufgeführten strukturellen Parameter zeigten bei dem Patienten traumatisch bedingte Verzerrungen: Neben den unspezifischen Anzeichen von Ich-Schwäche (mangelnde Affekt- bzw. Impulskontrolle, ungenügende Frustrations- und Angsttoleranz und wenig entwikkelte Sublimierungen) war die Ich-Struktur von Herrn M., wie beschrieben, durch eine mangelhafte Ich- und Über-Ich-Integration sowie durch den Gebrauch archaischer Abwehrmechanismen (Projektion, massive Verleugnung, Wendung ins Gegenteil und Externalisierungen) gekennzeichnet.

Im therapeutischen Team war man sich daher einig, daß die Entwöhnungsbehandlung für Herrn M. im Grunde nur »ein Tropfen auf den heißen Stein« gewesen war. Eine von uns angeratene, weitergehende stationäre Psychotherapie für schwerere

Neurosen und Persönlichkeitsstörungen lehnte der Patient jedoch entschlossen ab, da er sich durch das Setting und die Dauer einer solchen Therapie zu eingeengt fühlte.

4.2 Herr K.

4.2.1 Einführende Fallbeschreibung

Herr K. kam nach vorherigen Kontakten zum städtischen sozialpsychiatrischen Dienst zu uns und wurde stationär zur längerfristigen psychiatrischen Regelbehandlung mit dem Schwerpunkt Suchtstrukturen aufgenommen. Der ca. 40jährige Patient war spielsüchtig, neigte zu unregelmäßigem Alkoholmißbrauch und war wegen einer depressiv-suizidalen Krise in unsere Klinik eingewiesen worden. Ursprünglich aus Süddeutschland stammend, lebte der gelernte Kfz-Mechaniker schon seit einiger Zeit berufsbedingt in Norddeutschland. Herr K. war in erster Ehe geschieden, hatte keine Kinder und bewohnte zum Zeitpunkt seiner Klinikaufnahme ein schlichtes Ein-Zimmer-Appartement am Rande der Stadt.

Konkreter Anlaß für die zur stationären Aufnahme führende Krise des Patienten waren der einige Monate zurückliegende Tod seiner Mutter und die ungefähr zeitgleich erfolgende Scheidung von seiner Ehefrau gewesen. Herr K. hatte die Trauer über diese für ihn schwerwiegenden persönlichen Verluste durch seine seit ca. 20 Jahren bestehende Abhängigkeit vom Glücksspiel an Geldautomaten zu kompensieren versucht. Er war dabei, wie schon so oft in seinem Leben, tage- und nächtelang in den Spielhallen der Stadt »versackt« und hatte im völligen Kontrollverlust vor den Spielautomaten beträchtliche Geldsummen verloren (seine Spielschulden betrugen zum Zeitpunkt seiner stationären Aufnahme um die 100 000 DM). Wie in den extremen Phasen seiner Spielsucht üblich, hatte der Patient schon nach kurzer Zeit des exzessiven Glücksspiels alle sozialen Kontakte abgebrochen und war auch der Arbeit ferngeblieben. Die darauf folgende Kündigung seines Arbeitgebers hatte seine depressive Krise nochmals verschärft und führte schließlich zu seiner massiven Suizidalität im Vorfeld der Klinikaufnahme.

Herr K. befand sich wegen seiner Spielsucht zum ersten Mal in stationärer Psychotherapie. Begonnen hatte das pathologische Glücksspiel bei ihm um das 20. Lebensjahr herum, als er nach seiner auf dem zweiten Bildungsweg erlangten Hochschulreife ein Studium der Informatik angefangen und schon nach kurzer Zeit wieder abgebrochen hatte. Er hatte das Studium mit viel Enthusiasmus begonnen, geriet jedoch schon bald wegen des hierfür nötigen Zeitaufwands und der zahlreichen Nebenjobs in Konflikt mit seiner damaligen Freundin. Diese warf ihm Vernachlässigung vor und trennte sich rasch von ihm. Aus Langeweile und Geldnot nach dem Abbruch des Studiums und dem Verlust seiner Freundin besuchte der Patient dann, seinen eigenen Angaben zufolge, erstmals Spielhallen. Er sei damals im großen und ganzen aber noch in der Lage gewesen, das Spielen zu kontrollieren und habe längere glücksspielabstinente Phasen gehabt.

Nachdem er dann zwei bis drei Jahre in seinem erlernten Beruf als Kfz-Mechaniker gearbeitet hatte, nahm Herr K. das Studium wieder auf. Zu dieser Zeit lernte er auch seine spätere Ehefrau kennen, mit der er relativ rasch eine gemeinsame Wohnung bezog. Mit seiner Frau verband ihn anschließend, wie er im nachhinein berichtete, eine intensive Beziehung und Freundschaft, die auch den Abgründen seiner Suchtentwicklung lange Zeit standgehalten hatte. Obwohl für den Patienten damals anscheinend alles gut lief, suchte er nach einiger Zeit wieder – für ihn unerklärlich – die Spielcasinos auf. Anfänglich, so Herr K., habe er an den Automaten noch kontrolliert spielen können, doch schon bald hätten der Zeit- und Geldaufwand für das Glücksspiel süchtige Ausmaße angenommen. Die finanziellen Verluste und die durch seine häufige Abwesenheit ausgelösten Streitereien mit seiner Frau hätten ihn nur noch öfter in die Welt der Geldspielautomaten abtauchen lassen (Zitat Herr K.: »Das Spielen verschaffte mir die Freiräume, die ich brauchte«).

Der Patient brach sein durch das »Daddeln« vernachlässigtes Studium in der Folge zum zweiten Mal ab und eröffnete zusammen mit einem Freund eine eigene Kfz-Werkstatt. Durch den hohen zeitlichen Aufwand der Selbständigkeit reduzierte sich das Automatenspiel des Patienten darauf hin zunächst deutlich. Die Werkstatt lief gut, so daß Herr K. sich finanziell sanieren und sogar einen Teil der Gewinne in Immobilien investieren konnte.

Als die Firma dann jedoch einen Großauftrag erhielt und Herr K. mit erheblichen Geldmengen in Berührung kam, fing er erneut und verstärkt an zu spielen. Er verspielte in einem kurzen Zeitraum große Mengen des Firmenkapitals, so daß die Werkstatt bald Konkurs anmelden mußte.

Die Frau des Patienten übte wegen seines pathologischen Glücksspiels nun zunehmend Druck auf ihn aus und begann nach mehreren erfolglosen Trennungsversuchen selbst eine Therapie. Von seiner Ehefrau derart unter Zugzwang gesetzt, besuchte Herr K. dann, allerdings eher unregelmäßig, Selbsthilfegruppen der »Anonymen Spieler«. Da er die Spielsucht trotzdem nicht eindämmen konnte, trennte sich seine Frau schließlich endgültig von ihm und reichte die Scheidung ein. Als dann zusätzlich auch noch seine Mutter starb, spielte Herr K. immer exzessiver und unkontrollierter und vermied, bis zur Aufnahme auf unserer Station, fast alle sozialen Kontakte (»Ich wollte alleine sein und mich total zumachen«). In dieser Zeit kam es bei dem Patienten auch zu gelegentlichen Alkoholexzessen.

Seine Kindheit schilderte Herr K. als von einem Mangel an Wärme und Geborgenheit geprägt. Die Eltern hätten ständig hart gearbeitet und seien sehr sparsam gewesen. Sie hätten mehr Wert auf materielle Statussymbole (Auto, Haus etc.) gelegt als auf zwischenmenschliche Beziehungen. Leitspruch der Eltern sei gewesen: »Haste was, biste was!« Demzufolge habe das Geld eine alles beherrschende Rolle in der Familie gespielt. Die Eltern hätten äußersten Wert darauf gelegt, *alles* in bar zu bezahlen. Bloß für die angenehmen Dinge des Alltags sei nie etwas übrig geblieben.

Der Vater des Patienten war, wie er selbst auch, selbständig im Kfz-Gewerbe tätig gewesen. Auf Grund der finanziellen Belastungen der Familie habe er, so schilderte Herr K., immer hart gearbeitet und sei in der Regel erst spät abends von der Auto-Werkstatt nach Hause gekommen. Er habe ihn als Junge zwar gelegentlich mit in die Werkstatt genommen; jedoch habe er ihm dort, wortkarg, wie er gewesen sei, wenig Aufmerksamkeit geschenkt. Statt dessen habe er ihn ständig zur Mitarbeit bei leichteren Aufgaben eingespannt. Der Vater habe »nicht geredet, sondern gehandelt«. Alles in allem, so der Patient, habe er wenig richtigen Kontakt zu seinem Vater gehabt und fühlte sich oftmals von ihm vernachlässigt.

Seine Mutter beschrieb Herr K. dagegen als eigentlichen Dreh- und Angelpunkt des familiären Geschehens. Aufgrund der berufsbedingten Abwesenheit des Vaters war sie allein für den Haushalt und die Erziehung der Kinder zuständig gewesen (der Patient hatte zwei ältere Schwestern und einen jüngeren Bruder). Sie sei zwar umgänglicher als der Vater gewesen, habe jedoch, ebenso wie dieser, das Leistungsprinzip zur obersten Familienmaxime erhoben. Er, Herr K., habe seiner Mutter daher schon früh im Haushalt helfen und auf »Extras« wie Taschengeld oder etwas bessere Kleidung verzichten müssen. An Nähe und Herzlichkeit habe es die Mutter – teils bedingt durch die Lebensumstände, teils aus eigenem emotionalen Unvermögen – oftmals mangeln lassen.

Trotz der Härte und der unterschwelligen Kälte dieses Erziehungsstils habe er sich jedoch, so der Patient, im Vergleich zu seinen Geschwistern am meisten mit den elterlichen Werten identifiziert und sei lange Zeit der »Ehrgeizigste und Strebsamste« von ihnen gewesen. Konflikte habe er – alles in allem – immer gescheut und seine wahren Gefühle aus Angst vor Verletzung selten offenbart.

Auch in der Anfangsphase unserer stationären Psychotherapie versuchte Herr K. zunächst, seine Verzweiflung und Unsicherheit hinter einer beherrschten, starren Fassade zu verbergen. Er war bemüht, nicht den geringsten Anlaß für Kritik an seiner Person zu bieten und den Umgang mit dem Team und seinen Mitpatienten möglichst reibungslos zu gestalten. Bei Mißstimmigkeiten oder Konflikten in der Gruppe griff der Patient sofort ein und versuchte zu schlichten, da seiner Meinung nach schnellstmöglich eine Verständigung erzielt werden mußte. Oftmals verlor er dabei seine eigenen Interessen völlig aus den Augen.

Gegenüber dem Team spielte Herr K. lange Zeit die Rolle des »Musterpatienten«, der die (vermeintlichen) Erwartungen der Therapeuten empathisch vorausahnte und Reibungsflächen durch »scheinreflexives« Verhalten im Vorfeld verhinderte. Für das Team jedoch war deutlich spürbar, daß das relativ starre Rollenverhalten des Patienten wenig Bezug zu seinem wahren emotionalen Kern hatte. Der Patient wirkte oftmals unterschwellig »getrieben« und aggressiv sowie in seinem Engagement und seiner Angepaßtheit unauthentisch.

4.2.2 Psychodynamische Interpretation

Wie im weiteren Verlauf der Therapie von Herrn K. meines Erachtens deutlich wurde, stellte seine mit Konfliktscheu gepaarte Neigung zur Anpassung, psychodynamisch betrachtet, eine unbewußte »Deckidentifizierung« (Greenson, 1958/1982, S. 74) beziehungsweise eine sekundäre »Als-Ob«-Charakterabwehr (Kernberg, 1988, S. 290) eines darunter verborgenen, pathologisch-narzißtischen Größen-Selbst dar. Kernberg (ebenda) bemerkt zu diesem Phänomen:

> Patienten mit solchen Merkmalen können lernen, den »perfekten Analysanden« zu imitieren. Sie vermitteln scheinbar bedeutsame Elemente aus der Vergangenheit mit angemessener Nachdenklichkeit und in dramatischen Enthüllungen. Sie lernen, »perfekt zu assoziieren«, wobei sie auch die angemessenen Verschiebungen vom Fühlen zum Denken, von der Gegenwart zur Vergangenheit, von der Phantasie zur Realität aufweisen. Nur die Tatsache, daß ihre emotionale Beziehung zum Analytiker sich nicht vertieft, verrät ihre »Als-Ob«-Qualität.

Vermieden wird durch diese »Als-Ob«-Charakterabwehr zumeist das offene Ausagieren von aggressiv und überheblich gefärbten Grandiositätsgefühlen des darunterliegenden Größen-Selbst. Das narzißtische Größen-Selbst wird dann lediglich in der Gegenübertragung deutlich, wenn die vorauseilende Angepaßtheit des Patienten im therapeutischen Gegenüber das Gefühl der emotionalen Unerreichbarkeit und, hierdurch bedingt, eine aggressive Gestimmtheit entstehen läßt.

Die narzißtische Abwehrformation des Größen-Selbst, welche von Kernberg (1990, S. 303 f.) als pathologische Verschmelzung von bestimmten Aspekten des Real-Selbst, des Ideal-Selbst und von Ideal-Objekten, kurz: als eine »Verschmelzung des Selbst-Konzepts mit dem Ich-Ideal« (ebenda, S. 277) beschrieben wird, kanalisierte bei Herrn K. starke Wut- und Haßgefühle überwiegend präödipaler Herkunft. Ihre Genese läßt sich folgendermaßen erklären:

Die von den rigiden Leitsätzen der Familie und den materiellen Zwängen offensichtlich überforderte Mutter und der wenig einfühlsame, zumeist abwesende Vater hatten bei dem Patienten in seiner frühen Kindheit einen gravierenden Mangel an narzißtischer Spiegelung (vgl. Kohut & Wolf, 1980) entstehen lassen. Als Reaktion auf die mit dieser narzißtischen Lücke verbundenen Gefühle der Einsamkeit, Verlassenheit und Mißachtung hatte Herr K. massive (überwiegend unbewußte) Wut entwickelt, die sich teils, wie von Wurmser (1994) beschrieben, in einer Wendung gegen das eigene Selbst im Über-Ich des Patienten niederschlug, zum anderen Teil jedoch von der sich gegen die Traumatisierungen der Kindheit *und* das Über-Ich aufbäumenden Legierung aus Ich-Ideal und Real-Selbst, dem Größen-Selbst, absorbiert wurde.

Herr K. hatte auf diese Weise seine durch frühkindliche Frustrationen erzeugten Wut- und Haßgefühle in einer relativ stabilen, pathologisch-narzißtischen Substruktur der Psyche binden können. Ebenso wie offene Wutausbrüche und Haß fehlten bei ihm auch überflutende Angstattacken. Ein phobischer Kern in der Persönlichkeitsstruktur hatten sich bei dem Patienten anscheinend nicht entwickelt. Ich führe diesen Umstand darauf zurück, daß Herr K., der in eher mittelständischen und »geordneten« Verhältnissen aufgewachsen war, körperliche Gewalt und die völlige Mißachtung seiner seelischen Grenzen nicht hatte erfahren müssen.[22] Die aufgrund seiner frühen Frustrationen zwar vorhandenen, jedoch in ihrer Qualität nicht völlig überwältigen-

22 Das frühe soziale Umfeld von Herrn K. glich statt dessen demjenigen, das Kernberg (1990, S. 270) als charakteristisch für narzißtische Persönlichkeiten beschreibt: »Was den Familienhintergrund dieser Patienten anbetrifft, so stößt man sehr häufig auf kaltherzige Elternfiguren mit einem starken Maß an verdeckter Aggression. Aufgrund einer Reihe derartiger Fälle, die ich selbst untersucht oder über längere Zeit behandelt habe, habe ich den Eindruck gewonnen, daß es in solchen Familien ziemlich regelmäßig eine Elternfigur gibt, und zwar meist die Mutter oder eine andere Mutterfunktionen ausübende Person, die äußerlich gesehen gut funktioniert und für geordnete Verhältnisse sorgt, aber alles mit einem gewissen Zug von Härte, Indifferenz und unausgesprochener mürrischer Aggression. Wenn nun beim Kind, das in einer solchen Umwelt aufwächst, allmählich ein starkes Gefühl von oraler Frustration, Groll und Aggression aufkommt, so ist damit bereits der erste Grund dafür gelegt, daß solche Menschen ständig ein Übermaß an Neid und Haß abwehren müssen.«

den Ängste vor Nähe und Ohnmachtsgefühle hatte der Patient fast vollständig durch den Deckaffekt der narzißtischen Wut und diesen wiederum durch sein Größen-Selbst absorbieren können.

Die von Herrn K. in seiner Kindheit als Abwehr gegen seine »oralen« Frustrationen vollzogene Identifizierung mit seinem eigenen Ideal-Selbstbild beinhaltete eine starke Verleugnung der normalen Abhängigkeit von äußeren Objekten und deren verinnerlichten Repräsentanzen. Kernberg (1990, S. 266) beschreibt diesen narzißtischen Abwehrvorgang als »Entwertung und Zerstörung innerer Objektimagines und äußerer Objekte«. Die unbewußte Phantasie hierzu läßt sich, ebenfalls mit Kernberg (ebenda), wie folgt beschreiben:

> Ich brauche ja gar nicht zu fürchten, abgelehnt zu werden, weil ich meinem Idealbild nicht so entspreche, wie ich es müßte, um von der Idealperson, an deren Liebe mir liegt, überhaupt geliebt werden zu können. Nein, diese ideale Person und mein eigenes Ideal und mein wirkliches Selbst sind ein und dasselbe; ich bin selbst mein Ideal, und damit bin ich viel besser als diese Idealperson, die mich hätte lieben sollen, und brauche niemanden.

Derart durch sein Größen-Selbst geschützt, konnte Herr K. in relativ engen Kontakt zu seinen Mitmenschen treten und, wie zum Beispiel seine langjährige Ehe zeigte, auch dauerhafte Beziehungen eingehen. Seine engeren Beziehungen und Freundschaften wurden von dem Patienten jedoch so gestaltet, daß ein echter, emotional schwingungsfähiger Kontakt selten zustande kam. Konflikt, Streit und Auseinandersetzung wurden von Herrn K. kategorisch gemieden. Er trat zumeist als Helfer auf und verhinderte damit, daß dieser wichtige Teil zwischenmenschlicher Kommunikation – die Fähigkeit zur Auseinandersetzung – in seinen engeren Kontakten gelebt werden konnte. Negative Emotionen wurden von ihm in seinen Partnerschaften und Freundschaften weder beim Anderen zugelassen noch an sich selber wahrgenommen. Waren seine Ängste vor Nähe, seine Enttäuschungen und die unausweichlich folgenden Aggressionen in seinen festen Beziehungen nicht mehr zu unterdrücken, so zog sich der Patient zumeist abrupt zurück und versuchte durch das exzessive Glücksspiel an Geldautomaten seine Gefühlsstürme abzureagieren.

Die Objektbeziehungen von Herrn K. hatten somit, psychoanalytisch ausgedrückt, einen überwiegend präambivalenten, affektiv einseitigen Partialobjekt-Charakter. Die meisten Affekte der aversiven Reihe (zum Beispiel Wut, Haß, Zorn, Neid und Schmerz) hielt der Patient aus Angst vor ihrem (bei ihm) archaisch-vernichtenden Charakter von seinen Objektrepräsentanzen fern. Diese Gefühlsqualitäten konnten von ihm nur in dissoziierten Ich-Zuständen am Spielautomaten – dem symbolischen Vertreter der Realobjekte – erlebt werden.

Der Teilobjekt-Charakter der Übertragungsangebote des Herrn K. spiegelte sich auch in den Gegenübertragungsreaktionen des therapeutischen Teams wider: Die anfangs sehr häufigen Identifizierungen von Herrn K. mit der Rolle des »Musterpatienten« ließ viele Mitarbeiter nach einer anfänglichen Phase der Sympathie und des Interesses vorerst auf Abstand zu ihm gehen. Es war deutlich spürbar, daß Herr K. hinter seiner relativ angepaßten Oberfläche uns gegenüber eine »echte«, emotional schwingungsfähige Beziehung, die uns den Status von »Ganzobjekten« eingeräumt hätte, kaum einging. Die Verstrickung des Patienten in die eher künstlich anmutende und beziehungslose Deckidentifizierung des »motivierten Patienten« rief daher in uns, neben einem spontanen Distanzbedürfnis, immer wieder auch Affekte der aggressiven und aversiven Reihe hervor, zum Beispiel Wut und Ärger (aber auch Hilflosigkeit aufgrund der Vergeblichkeit der therapeutischen Versuche, zu Herrn K. »durchzudringen«).

Die aggressive Gestimmtheit des Teams gegenüber der »Als-Ob«-Charakterabwehr von Herrn K. läßt sich in diesem Zusammenhang nicht nur als Gegenübertragungsreaktion auf sein Partialobjekt-Beziehungsangebot verstehen, sondern auch als Wiederkehr seiner eigenen, durch den Abwehrmechanismus der Verleugnung nicht mehr zu unterdrückenden Aggressionen im Außen. Es wurde dabei offensichtlich, daß die Bindung seiner narzißtischen Wut in der Abwehrstruktur des Größen-Selbst in von ihm als nicht kontrollierbar oder bedrohlich erlebten Situationen unzureichend war. Kernberg (1988, S. 285) führt in diesem Zusammenhang aus, daß die sekundäre Charakterabwehr durch Deckidentifizierungen bei narzißtischen Persönlichkeiten vor zeitweise auftretenden paranoiden Ängsten schützt. Sie resultieren zumeist aus der Projektion der eigenen, im Größen-Selbst zeitweilig oder dauerhaft nicht mehr zu bindenden narzißtischen Wut auf die Objektrepräsentanzen. Die Neigung von Herrn K. zur Übernahme der »Musterpatienten«-Rolle auf unserer Station kann somit als präventive »Unterwerfung« unter die potentiellen (projektiv verzerrten) Angreifer (Therapeuten) verstanden werden.

Der Patient hatte seine »Als-Ob«-Charakterabwehr auch in seinem bisherigen Leben zumeist zur Bindung von überschüssiger narzißtischer Wut in zwischenmenschlichen Beziehungen »eingesetzt«. So hatte er zum Beispiel seit seinem frühen Jugendalter die massiven, unbewußten Aggressionen gegen seinen Vater in eine scheinbar gelungene Identifikation mit dessen Berufsidentität und rigiden Lebensleitsätzen umwandeln können – eine Art von »Identifikation mit dem Angreifer« (siehe Kapitel 3.2). Unterschwellig trieb ihn jedoch sein Größen-Selbst in einen Macht- und Konkurrenzkampf mit dem Vater. Daß Herr K. sofort nach dem Ende der an den väterlichen Beruf angelehnten Lehre ein Hochschulstudium begann, läßt sich somit auch als unbewußter Versuch der Überflügelung des Vaters verstehen.

Der unbewußte Machtkampf mit dem Vater scheiterte letztlich aber immer wieder an dem fortgesetzten pathologischen Glücksspiel des Patienten: Der aus der Spielsucht heraus entstandene unregelmäßige Lebensstil und der immense Schuldenberg zwangen ihn sowohl zweimal zum Abbruch des Studiums als auch zur Aufgabe der beruflichen Selbständigkeit. Die Spielsucht konnte daher bei Herrn K., aus einer psychoanalytischen Perspektive betrachtet, auch als unbewußte »Selbstsabotage« bzw. als indirekte Herbeiführung einer Niederlage im Konkurrenzverhältnis zu seinem Vater verstanden werden. Der intrapsychische Gegenspieler des narzißtischen Größen-Selbst des Patienten – ein auf Selbsterniedrigung drängendes, rigides Über-Ich – konnte auf diesem Wege seine Ansprüche auf Vereitelung des beruflichen Aufstiegs und auf die Perpetuierung der kindlichen Ohnmacht gegenüber dem Vater durchsetzen.

Ich vermute jedoch, daß die Spielsucht von Herrn K. nicht nur auf eine Über-Ich-Pathodynamik im Rahmen seines Vater-Konflikts zurückzuführen war, sondern auch für den symbolisch verklausulierten Wunsch nach einer Rückkehr in die mütterliche Dyade stand. Diese bei Spielern öfters zu beobachtende Sehnsucht nach der mütterlichen Welt der frühen Kindheit bei gleichzeitiger Verweigerung der Männerrolle wird von Rost (1996, S. 59 f.) durch die Metapher des »Hans im Glück« veranschaulicht:

> Im Märchen vom »Hans im Glück« (Brüder Grimm) hat der junge Mann vom Bauern, seinem »Arbeitgeber«, für siebenjährige treue Dienste einen Goldklumpen als Lohn erhalten. Hans will zurück zu seiner Mutter und hat an diesem Goldklumpen schwer zu schleppen, so daß er sich von vorbeikommenden Passanten das Gold über Pferd, Kuh, Schwein usw. bis hin zum Schleifstein für immer wertlosere »Waren« abtauschen läßt. Den Schleifstein schließlich läßt er »versehentlich« in einen Brunnen fallen und kehrt frei und unbeschwert zur Mutter zurück. »Hans im Glück« hat also sein Gold »verspielt« – und fühlt sich frei und glücklich!

Rost (ebenda, S. 60) vermutet, daß auch der Automatenspieler unbewußt gar nicht reich und erfolgreich sein möchte, sondern die traditionelle, materiell versorgende Männerrolle durch den Verlust seines Geldes im Glücksspiel verweigert. Dies sei auch kein Wunder, denn die Väter der Spieler hätten diesen zumeist vorgelebt, daß das gesellschaftlich vorgegebene Aufgabenfeld für Männer keine Freiheit und Vorteile, sondern lediglich lebenslange harte Arbeit, Krankheit und einen frühen Tod mit sich bringe. »Hans im Glück« dagegen wolle um seiner selbst willen und nicht wegen seines Goldes geliebt werden und versuche durch die Ablehnung der traditionellen Rollenvorschrift seine Autonomie zu retten.

Das Ziel dieser (größtenteils unbewußten) Verweigerung der männlichen Rolle wird im Märchen, symbolisch folgerichtig, als Rückkehr zur Mutter beschrieben. Für den realen »Hans im Glück« unserer Tage, den pathologischen Glücksspieler, wird seine tiefe Sehnsucht nach der – in der Phantasie verklärten – mütterlichen Dyade indes zum echten Problem: Oftmals war es nämlich eine entweder unzulängliche oder eine überbehütende Mutter, die dem Spieler in seiner Kindheit und Jugend die »männliche« Leistungsorientierung vermittelte. Rost (ebenda, S. 60) schreibt:

Bei Automatenspielern handelt es sich oft um Männer, die von ihrer Mutter narzißtisch stark besetzt worden sind, von ihnen zu »großen Aufgaben« bestimmt wurden. Der Ehemann, das heißt der Vater des Spielers, war meist wenig präsent, bot kein väterlich-männliches Vorbild; oft hat er die Familie vorzeitig verlassen. Die Vorstellungen von Männlichkeit sind daher mütterlich geprägt und nicht in der Identifikation mit dem Vater entstanden. Oft ist eine fast symbiotische, ungelöste Bindung an die Mutter zu spüren, wobei die Mutter zugleich als vereinnahmend und erdrückend erlebt wird. Der junge Mann kann sich daher auf andere Frauen gar nicht wirklich einlassen, oder er wiederholt seine Beziehungsmuster zur Mutter und erlebt seine Frau als vereinnahmend und verschlingend.

Auch bei Herrn K. war, zusätzlich zu der Ebene des ödipal geprägten Konflikts mit dem Vater, das Fortbestehen eines ungelösten Mutter-Konflikts zu beobachten. Aufgrund der familiären Überforderung und starken Leistungsorientierung seiner Mutter hatte der Patient, wie schon beschrieben, auf eine phasengerechte narzißtische Spiegelung in seiner frühen Kindheit weitgehend verzichten müssen. Das aus dieser Versagung heraus entstandene Größen-Selbst stellte bei Herrn K. zwar eine einigermaßen stabile Abwehr der Gefühle von Ohnmacht und Einsamkeit dar, hatte jedoch ein »gutes inneres Objekt« nicht ersetzen können.

Der Patient war somit in seinem späteren Leben übermäßig stark auf narzißtische Zufuhr von äußeren, ihm nahestehenden Personen angewiesen gewesen. Seine festen Partnerschaften und Freundschaften hatten für ihn infolgedessen einen überwiegend funktionalen bzw. »Selbstobjekt-Charakter«, wie ihn Kohut (1973) für die narzißtischen Neurosen beschrieben hat. Der Andere wird dabei kaum als selbständiger Mensch mit eigenen Bedürfnissen und »Subjekt-Charakter« wahrgenommen, sondern unbewußt zum Beispiel auf eine »idealisierte Elternimago« reduziert und vorwiegend zur Regulation des eigenen Selbstwertgefühls »mißbraucht«.

Nach Kohut (1973, S. 65 f.) sind solche »Selbstobjekt-Übertragungen« auf einen traumatisch bedingten Mangel an frühkindlichen Internalisierungen des primären Objekts zurückzuführen: Unter optimalen Bedingungen erfahre das Kind eine schrittweise (nicht traumatische) Enttäuschung durch das versorgende und gleichzeitig idealisierte primäre Liebesobjekt, was zu einer allmählichen Rücknahme der narzißtischen Besetzungen desselben und zu seiner schrittweisen Verinnerlichung führe. Verbunden sei damit der Erwerb dauerhafter psychischer Strukturen. Intrapsychisch übernehmen diese dann die Aufgaben, welche das idealisierte Selbstobjekt vorher erfüllt hatte. Wenn das Kind jedoch den traumatischen Verlust des idealisierten Objekts erlebe oder über einen längeren Zeitraum hinweg schwere und/oder phaseninadäquate Enttäuschungen von diesem erfahre, werde dessen optimale Verinnerlichung verhindert. Kohut (1973, S. 65 f.) schreibt:

> Das Kind erwirbt nicht die benötigte Struktur, seine Psyche bleibt an ein archaisches Selbst-Objekt fixiert, und die Persönlichkeit bleibt das ganze Leben hindurch in einer Weise von gewissen Objekten abhängig, die man als intensive Form von Objekthunger bezeichnen könnte. Die Intensität der Suche nach und die Abhängigkeit von diesen Objekten kommt daher, daß sie als Ersatz für fehlende Segmente der psychischen Struktur gesucht werden. Sie sind nicht Objekte (im psychoanalytischen Sinn), da sie nicht wegen ihrer Eigenschaften geliebt oder bewundert werden, und ihre tatsächlichen Merkmale und ihre Handlungen werden nur dunkel wahrgenommen. Sie werden nicht ersehnt, sondern gebraucht, um die Funktionen eines Sektors des psychischen Apparates zu ersetzen, der in der Kindheit nicht gebildet werden konnte.

Wie oftmals bei Patienten mit schwereren narzißtischen Neurosen zu beobachten ist, brauchte Herr K. diese auf einseitige narzißtische Zufuhr hin angelegten Selbstobjekt-Beziehungen nicht nur, sondern er fürchtete sie auch – standen sie doch symbolisch-stellvertretend nicht nur für die unbewußte Phantasie einer idealisierten Mutterimago, sondern ebenso für das reale, unzureichende und versagende Primär-Objekt seiner frühen Kindheit. Jede intensive Nähe innerhalb einer Selbstobjekt-Übertragung erzeugte daher in ihm auch die starke Angst vor erneuter Zurückweisung, Ohnmacht und Einsamkeit (und vor der hieraus entstehenden narzißtischen Wut). Herr K. war somit innerhalb seiner festeren Bindungen gezwungen, ein labiles Gleichgewicht zwischen Nähe und Distanz aufrecht zu erhalten. Die zeitaufwendigen beruflichen Verstrickungen des Patienten, die gerade in seinen Lebensabschnitten mit festen Partnerschaften kulminierten, lassen sich vor dem Hintergrund dieses dyadisch strukturierten Bindungs-/Autonomiekonfliktes auch als unbewußt inszenierte »Flucht vor Nähe und Beziehung« und als ein Versuch der Herstellung von Unabhängigkeit vom »Selbstobjekt« interpretieren.

In die Spielsucht stürzte Herr K. vor allem immer dann massiv ab, wenn die Nähe-/Distanzregulierung innerhalb seiner Selbstobjekt-Übertragungen aus dem Gleichgewicht geriet, so zum Beispiel nach den Trennungen von seinen Beziehungspartnerinnen und nach dem Tod seiner Mutter (= totale, nicht wiederherstellbare Entfernung vom Objekt). Aber auch zeitweiliger beruflicher Erfolg (= bedrohliche Autonomie gegenüber dem »Selbstobjekt«) und das Eingehen neuer Bindungen (= Angst vor Nähe und Verletzung) konnten für ihn, wie wir gesehen haben, eine Aktualisierung seines dyadischen Konflikts und damit den erneuten Einstieg in die Suchtspirale bedeuten.

Das Ringen mit dem Geldspielautomaten stellte dann für ihn eine Art Ausweichmanöver vor seinen realen Bezugspersonen und hin zu einem unbelebten Selbstobjekt dar. Am Automaten konnte Herr K. die in seinen narzißtischen Krisen nicht mehr zu unterdrückenden Gefühlsqualitäten »gefahrlos«, das heißt ohne direkte zwischenmenschliche Konsequenzen, ausleben: Durch Gewinnserien versuchte er sein Größen-Selbst künstlich »aufzutanken« und das Gefühl von überlegener Autonomie herzustellen, während er sich durch die im Kontrollverlust erfolgenden Geldverluste für die vorangegangenen narzißtischen Höhenflüge »bestrafte« und die Abhängigkeit zum »Selbstobjekt Geldspielautomat« wiederherstellte. Daß Herr K. zur Wiederherstellung seines narzißtischen Gleichgewichts gerade die Geldspielautomaten auswählte, scheint mir in Anbetracht des Wertesystems seiner Herkunftsfamilie kein Zufall zu sein. Geld war ja innerhalb seiner Familie das zentrale Mittel zur Herstellung von Wertschätzung, Achtung und Ansehen gewesen. Folgerichtig bezeichnete sich Herr K., wenn er beim Spielen gewonnen hatte, als »ein König, der dann um Liebe nicht mehr zu bitten brauchte«.

Bis zum Ausbruch der Spielsucht und später auch in spielfreien Intervallen hatte Herr K. die mit seiner »narzißtischen Lücke« (Haustein & Schürgers, 1988, S. 278) verbundenen Gefühle von Mißachtung, Ohnmacht und reaktiver Wut durch sein Größen-Selbst und die sekundäre »Als-Ob«-Charakterabwehr unter Kontrolle halten können. Insbesondere hatte er mit dieser Abwehrformation eine zwar fragile, aber relativ erfolgreiche Dämpfung der aggressiven Komponenten seiner prägenitalen Konflikte zustande gebracht. Kernberg (1990, S. 303) merkt hierzu an, daß das Größen-Selbst bei solch relativ stabilen narzißtischen Abwehrformationen ein »integriertes, wenn auch hochgradig pathologisches Selbstkonzept« darstellt. Trotz der unter dieser Abwehrstruktur verborgenen Aggressionen und der aus ihnen resultierenden Verzerrung der verinnerlichten Objektrepräsentanzen verhelfe es diesen Patienten oftmals – wie im Falle unseres Herrn K. – zu einer guten sozialen Anpassung und Funktionstüchtigkeit (vgl. ebenda, S. 263).[23] An anderer Stelle (1988, S. 284 f.) ergänzt Kernberg, daß bei diesen narzißtischen Störungen in der Regel

> eine gewisse sublimierende Integration der Aggression stattgefunden hat, neurotischen Charakterstrukturen verwandt, in denen Aggression mit bestehenden Über-Ich-Strukturen integriert worden ist; diese Patienten haben eine klinisch gesehen günstigere Form von Autoaggression und Fähigkeit zur Depression.

Die durch die ruinösen Spielverluste und die ehelichen Konfliktsituationen ausgelösten depressiven Phasen von Herrn K. lassen sich vor diesem Hintergrund als Ausdruck eines zwar rigide strafenden, jedoch noch in die Persönlichkeitsstruktur integrierten Über-Ichs verstehen. Herr K. neigte lediglich in narzißtischen Krisen und nicht dauerhaft dazu, die verurteilenden Aspekte seines Über-Ichs zu projizieren oder – in der Interaktion mit dem Geldspielautomaten – zu externalisieren.

Mit Wurmser (1987) und Kernberg (1981) hatten wir den Schweregrad einer Neurose oder Persönlichkeitsstörung in erster Linie an der Intensität der traumatisch bedingten Affekte, dem Ausmaß ihrer Bindung in Abwehrmechanismen sowie an den

23 Offene Wutausbrüche sowie das Vorhandensein der anderen unspezifischen Anzeichen von Ich-Schwäche (mangelhafte Angsttoleranz, eine durchgehend ungenügende Impulskontrolle und das weitgehende Fehlen von Sublimierungen) charakterisieren dagegen nach Kernberg (1990, S. 305) die schlechter strukturierten und weniger angepaßten narzißtischen Persönlichkeiten mit gravierenderen ichstrukturellen Defiziten.

hierauf aufbauenden ich-strukturellen Defiziten festgemacht. Das psychische Organisationsniveau von Herrn K. läßt sich daher, insgesamt gesehen, in einer Art Mittelstellung zwischen den schwereren Formen der Affektpathologie (mit relativ ungehemmtem Impulsausdruck) und den eher sublimierten, durch hemmende und reaktive Charakterzüge gekennzeichneten »klassischen« Neurosen einordnen. Obwohl das massive, teils in der narzißtischen Abwehr gebundene, teils vor dem Spielautomaten ausgelebte Aggressionspotential des Patienten auf eine gravierende frühkindliche Störung seiner Affektwelt hinwiesen, waren das relativ geringe Ausmaß seiner unspezifischen Anzeichen von Ich-Schwäche, seine durch das Größen-Selbst bedingte Selbstkohäsion, seine in Ansätzen vorhandene Über-Ich-Integration (= Depressionsfähigkeit und das Vermögen zum Empfinden von Schuldgefühlen) sowie seine Fähigkeit zur Aufrechterhaltung dauerhafter Objektbeziehungen letztlich im klinischen Bild dominierend.

4.3 Herr B.

4.3.1 Einführende Fallbeschreibung

Herr B. wurde nach mehreren Kontakten zu unserer Suchtambulanz stationär zur psychiatrischen Regelbehandlung mit dem Schwerpunkt Suchtstrukturen aufgenommen. Der Patient, ein Verwaltungsbeamter Mitte vierzig, war seit vielen Jahren in erster Ehe verheiratet und lebte zusammen mit seiner Frau und dem ca. 18jährigen Sohn in einer norddeutschen Kleinstadt. Er war spielsüchtig und hatte in den vergangenen Jahren wegen seiner Abhängigkeit schon mehrmals zur Krisenintervention auf unserer Station aufgenommen werden müssen. Die Suchtproblematik beschränkte sich bei Herrn B. auf das pathologische Glücksspiel an Geldspielautomaten. Eine stoffgebundene Abhängigkeit, zum Beispiel von Alkohol, Tabletten oder Drogen, war bei ihm nicht bekannt. Die akute Aufnahmesituation des zum wiederholten Male rückfällig gewordenen Patienten war durch anhaltende Depressionen mit Suizidgefahr vor dem Hintergrund einer suchtbedingten familiären Konfliktsituation gekennzeichnet. Die schweren Divergenzen zwischen Herrn B. und seiner Ehefrau machten sich dabei vor allem an den Spielschulden fest, die dieser im Laufe seiner Spielerkarriere angehäuft hatte.

Da der Patient in den letzten Jahren durch seine stundenlangen Spielexzesse immer häufiger dem Arbeitsplatz ferngeblieben war, hatte er von seinem Arbeitgeber schon mehrere Abmahnungen erhalten. Obwohl ihm ein Arbeitsplatzverlust aufgrund seines Unkündbarkeitsstatus nicht drohte, mußte sein Arbeitsverhältnis wegen des mittlerweile entstandenen Mißtrauens seines Dienststellenleiters als belastet angesehen werden.

Herr B. war in seiner Heimatstadt, in der er auch seine Kindheit verbracht hatte, sozial gut integriert. Er hatte einen relativ großen und beständigen Freundeskreis und war in diverse gesellschaftliche Aktivitäten involviert. Aus Angst vor Entdeckung lebte der Patient seine Spielsucht überwiegend in den Spielhallen der umliegenden Kleinstädte und auf seinen häufigen Dienstreisen aus. Wenn irgendwo eine bekannte Person in der jeweiligen Spielhalle oder Gastwirtschaft auftauchte, entfernte sich Herr B. zumeist diskret. Er spielte in der Regel an mehreren Automaten gleichzeitig und so lange, bis alles Geld verloren war. Hochstimmungen oder gar Euphorie, so gab der Patient an, habe er beim Spielen nur mäßig erlebt; es sei eher wie ein gefühlsneutraler Vorgang gewesen, wie eine Art innerer Zwang.

Anfangs hatte Herr B. versucht, seine Spielsucht vor der Ehefrau zu verheimlichen. Da sich aber seine Abhängigkeit und die mit ihr verbundenen finanziellen Verluste schon bald massiv steigerten, gelang ihm dies nur für eine kurze Zeit. Es kam immer öfter zu Streit zwischen den Eheleuten, durch den Herr B. in der Regel aber keine ernsthaften Konsequenzen fürchten mußte. Selbst nach den Rückfällen des Patienten, die seinen ersten Therapieversuchen relativ schnell gefolgt waren, hatte ihn die Ehefrau nicht glaubwürdig unter Druck gesetzt.

Herr B. war im mittelständischen Milieu als Einzelkind aufgewachsen. Der Vater des Patienten war, wie er, in der Verwaltung tätig gewesen. Herr B. beschrieb ihn als einen sehr emotionalen Mann, als einen »Gefühlsmenschen«. Er hatte den Vater allerdings selten gesehen, da dieser sich, so der Patient, wegen der im Elternhaus übermäßig dominierenden Mutter von der Familie zurückgezogen hatte.

Die Mutter schilderte der Patient als relativ kaltherzig. Sie habe ihn im Grunde nur materiell befriedigend versorgt; an Wärme und Geborgenheit habe sie es ihm gegenüber mangeln lassen. Wenn er sich einmal verletzt, sich zum Beispiel das Knie aufgeschlagen habe, sei das für die Mutter nicht weiter beachtenswert gewesen. Ab und an, wenn er »Mist gebaut hatte«, habe sie dem Vater so viel Druck gemacht, bis dieser ihn schließlich verprügelte. Der Vater habe diese Strafaktionen später zumeist bereut. Zum Zeitpunkt seiner aktuellen Klinikaufnahme war der Vater des Patienten schon seit einiger Zeit tot, zu der Mutter hatte er kaum noch Kontakt.

Die Schul- und Ausbildungszeit von Herrn B. war eher unauffällig verlaufen. Der Patient berichtete, er habe als Kind und Jugendlicher viele Freiheiten gehabt und mit seiner Clique »so manches angestellt«, was sich aber insgesamt auf tolerierbarem Lausbubenniveau bewegt habe. In seiner Clique sei auch hin und wieder um Groschenbeträge an Spielautomaten gespielt worden, allerdings nicht auf exzessive oder gar süchtige Weise.

Die Abhängigkeit vom Glücksspiel an Automaten hatte sich bei Herrn B. erst nach seiner Heirat eingestellt. Herr B. gab an, daß er damals aus seiner Herkunftsfamilie förmlich in die Ehe »hineingeschliddert« sei. Er sei nach der Heirat vom Familienleben überfordert gewesen und habe die beginnende Spielsucht vor allem als Rückzug vor seiner Frau gebraucht. Seine Ehefrau, eine Rechtsanwaltsgehilfin, beschrieb der Patient als einen beherrschten und gefühlskalten Menschen, die jedoch eine »gute Organisiererin« sei und auch viele positive Seiten habe.

Als kurz nach der Heirat der Sohn von Herrn B. zur Welt gekommen war, intensivierte sich das pathologische Glücksspiel des Patienten nochmals gravierend. Die Gründe für den mit der Geburt seines Kindes einsetzenden Süchtigkeitsschub lagen für den Patienten im verborgenen, zumal er eine tiefe Verbundenheit zu seinem Sohn spürte. Herr B. wich dem Familienleben nun nicht nur durch die Spielsucht, sondern bei jeder sich bietenden Gelegenheit aus und hatte neben seiner Ehe zahlreiche sexuelle Affären. Seiner streng katholisch erzogenen Frau gegenüber verheimlichte er diese Fremdgänge. Der Patient war der Ansicht, daß sie eine offene Aussprache über seine Affären nicht verkraftet hätte. Außerdem habe er nie so recht den Mut besessen, mit seiner Frau offen über die seit Beginn der Ehe bestehenden sexuellen Probleme zu reden. Die Probleme hätten zumeist darin bestanden, daß seine Frau selten auf ihn zugegangen sei und daß die sexuelle Initiative ständig von ihm habe ergriffen werden müssen. Herr B. hatte immer das Gefühl gehabt, daß seine Frau nur aus Pflichtgefühl mit ihm schlafe. Wenn der Beischlaf allerdings doch einmal schön gewesen sei, habe er es nachher zu Hause kaum ertragen können. Er sei dann nervös und unruhig geworden und habe den Drang gespürt, wegzugehen. Aufgrund seines schlechten Gewissens wegen der Fremdgänge sei er in solchen Situationen oftmals in die Spielhallen gegangen, um sich durch den Spielverlust für seinen »Verrat« zu bestrafen.

Trotz seiner zuletzt immer häufigeren depressiven Phasen spielte Herr B. überwiegend »heile Welt«. Weder innerhalb seiner Verwandschaft noch gegenüber seinen Freunden oder Arbeitskollegen konnte er sich öffnen und über seine Probleme reden. Der Patient besuchte zwar unregelmäßig Selbsthilfegruppen der »Anonymen Spieler« in der nächstgrößeren Kreisstadt, doch schien die Teilnahme an diesen Gruppen die Aufarbeitung seiner Problematik nicht zu gewährleisten.

Die Schwierigkeit von Herrn B., über seine konkreten (Ehe-) Probleme zu reden, zeigte sich auch über weite Strecken in den Gruppensitzungen und Einzelgesprächen unserer stationären Therapie. Er deutete zwar öfters an, daß er mit seiner Ehe sehr unzufrieden sei und daß ihm seine Frau zu wenig Wärme gebe, »zerredete« diese Problematik dann aber immer wieder ins Unkonkrete und wurde hilflos, wenn seine Schwierigkeiten unsererseits thematisiert wurden. Vom therapeutischen Team aus wurde schließlich ein Partnergespräch auf unserer Station vorgeschlagen.

Bei diesem Zusammentreffen der Eheleute im stationären Rahmen wurde deutlich, daß die Ehe in ihrem gegenwärtigen Zustand für beide Partner nicht mehr lebenswert war. Sowohl Herr B. als auch seine Frau hatten sich jedoch an den festgefahrenen Zustand ihrer Partnerschaft gewöhnt. Als von unserer Seite aus eine mögliche Trennung angesprochen wurde, zeigte sich die Ehefrau des Patienten – entgegen unserer Erwartungshaltung – emotional sehr berührt und konnte ihrer Trauer über den zerrütteten Zustand der Ehe angemessenen Ausdruck verleihen. Sie wollte die Ehe unbedingt aufrechterhalten und schien ihrem Mann nahezu alles zu verzeihen. Herr B. wirkte in diesem Partnergespräch sehr viel stiller und nachdenklicher als sonst. Er machte einen depressiven Eindruck und schien von der Perspektive einer möglichen Trennung niedergeschlagen zu sein. Auch die große Sorge des Patienten um seinen Sohn wurde deutlich. Herr B. befürchtete, dieser könne aufgrund des schlechten Vorbildes, das er ihm als Vater gegeben habe, in seine Fußstapfen treten und ebenfalls süchtig werden. Überhaupt habe er sich die ganzen Jahre über viel zuwenig um seinen Sohn gekümmert. Das gestörte Verhältnis zwischen Herrn B. und seinem Sohn möchte ich im folgenden zum Ausgangspunkt meiner psychodynamischen Überlegungen zur Spielsucht des Patienten machen.

4.3.2 Psychodynamische Interpretation

Indem er sich dem Familienleben durch seine Abhängigkeit vom pathologischen Glücksspiel und durch die zahlreichen gesellschaftlichen Aktivitäten über Jahre hinweg entzogen hatte, hatte sich der Patient seinem Sohn gegenüber nachhaltig als positives männliches Identifikationsobjekt verweigert. Da sein eigener Vater für ihn ebenfalls nicht erreichbar gewesen war, hatte er damit gewissermaßen eine Familientradition fortgesetzt. Mertens (1992, S. 119) spricht hier, in Ergänzung zum Ödipuskomplex, vom sogenannten »Laios-Komplex«. Die Charaktereigenschaften und das Verhalten von Laios, dem leiblichen Vater des Ödipus, stellen nach Mertens (ebenda) eine wesentliche Voraussetzung für das Schicksal seines Sohnes, nämlich die Aussetzung durch die leiblichen Eltern und, Jahrzehnte später, Vatermord und Mutterinzest, dar. Mertens (ebenda) führt aus:

> Laios ist der Prototyp des schlechten Vaters: Als Kleinkind wurde Laios selbst verlassen. Labdakus, sein Vater und König von Theben, starb, als Laios ein Jahr alt war. Als sein Onkel den Thron für sich beanspruchte, wurde Laios ausgesetzt und gezwungen, durch Griechenland zu wandern, bevor er nach Theben zurückkehren durfte, um König zu werden. Laios zeigte … die gleiche Konstellation von Charaktereigenschaften, die moderne psychoanalytische Forscher mit Vater-Abwesenheit in

> Zusammenhang gebracht haben: Störungen der Geschlechtsidentität, Probleme mit der Impulskontrolle, unmodulierte Aggressivität ..., kognitive Beeinträchtigungen und pathologischen Narzißmus.

Hinter dem Drama des Ödipus stehe letztlich, so Mertens (ebenda) weiter, eine Geschichte von Generationen, in der eine unheilvolle Konvergenz von enttäuschenden und verletzenden Handlungen und Fehlwahrnehmungen zwischen Vater und Sohn zum Ausdruck komme.

Insbesondere ein Mangel an »früher Triangulierung« (ebenda, S. 120), wie er bei Herrn B. durch den Rückzug seines Vaters von der Familie zu beobachten war, hat nach Mertens (ebenda) für die frühkindliche Sozialisation nicht nur des männlichen Kindes gravierende Folgen:

> Dieser frühe Vater wird von psychoanalytischen Theoretikern als jemand beschrieben, der dem Kind ... hilft, sich von der Mutter zu trennen und damit seine eigene Individualität zu entdecken, die Geschlechts-Identität zu etablieren und Triebabkömmlinge, vor allem aggressiver Natur, zu modulieren und zu kontrollieren.

Bei einem Fehlen des frühen Vaters als drittem, die Zweierbeziehung zwischen Mutter und Kind relativierendem Objekt ist daher die Lösung aus der Mutter-Kind-Dyade in der Regel erschwert und ein unauflöslicher Konflikt zwischen Bindungs- und Autonomiebestrebungen vorgezeichnet. Neben der Abwesenheit des Vaters hatte bei Herrn B. jedoch auch das unsichere, von Gefühlskälte und einem Mangel an Verständnis geprägte Bindungsverhalten der Mutter seinen frühen Loslösungs- und Individuationsprozeß erheblich belastet.

Unter intrapsychisch-strukturellen Gesichtspunkten hatten bei dem Patienten die als unzureichend erlebte Mutter-Kind-Dyade, die überwiegende Abwesenheit des Vaters sowie das abgekühlte Verhältnis der Eltern untereinander zu einer Fixierung in einer schon relativ fortgeschrittenen, aber noch nicht durchgehend internalisierten und abgeschlossenen Triangulierung der Selbst- und Objektrepräsentanzen geführt. Ermann (1985, S. 108) beschreibt den für Herrn B. charakteristischen Status der internalisierten Objektbeziehungen folgendermaßen:

> Die typischen Objektbeziehungen haben auf dieser Stufe noch keine sichere Dreiecksstruktur; diese scheint sich erst mit Abschluß der Triangulierungs-Dynamik und mit dem Ödipuskomplex zu etablieren. Die Struktur solcher Beziehungen läßt sich eher mit dem Bild zweier Schenkel darstellen, in deren Schnittpunkt das eigene Selbst steht, deren Endpunkte aber noch nicht fest miteinander verbunden sind. Die Verbindung, die fehlt, ist die Verinnerlichung der ödipalen Erfahrung einer stabilen, liebevollen Beziehung zwischen den Eltern.

Herr B. hatte dieses teilweise Scheitern seines frühen Triangulierungsprozesses »progressiv« im Sinne von spezifischen Verschränkungen der präödipalen mit der ödipalen Dynamik verarbeitet. Dieses Ineinandergreifen der beiden Konfliktebenen ist nach Ermann (1993, S. 208) für

> die meisten »reiferen« neurotischen Störungen typisch ...: Ein ödipal strukturierter Vordergrund, der Belastungen nicht standhält und im Verlauf rasch einsetzender Regression den nichttriangulären, prägenitalen Charakter der Störungen erkennbar werden läßt.

Stolze (1982, S. 613) merkt in diesem Zusammenhang an, daß es zur Entstehung und zum Persistieren des ödipalen Konfliktes in seiner sexuell-inzestuösen Form sowieso nur auf Grund gravierender Mängel in der vorhergehenden Mutter-Kind- Dyade und der daraus resultierenden Angst vor der Dreierbeziehung kommen kann:

> Von »Ödipuskomplex« können wir dann sprechen, wenn ein Mensch ... durch eine vorgeprägte Ich-Schwäche fixiert ist auf die Scheinlösung, den unvertrauten Dritten auszuschalten, um sein vermeintliches Heil – und auch seine vermeintliche Heilung – in einer um so engeren Zweierbeziehung zu dem bereits Bekannten und deshalb Vertrauten zu suchen. Dieses nun pathologische Geschehen heißt, psychodynamisch gesprochen, Negierung und Regression, mythologisch ausgedrückt: Vatermord und Mutterinzest.

Das auf die Mutter gerichtete sexuelle Begehren sei »häufig ein verkappter Wunsch nach symbiotischer Verbundenheit« (ebenda). Stolze (ebenda; S. 614):

> Das kleine Kind, welches genügend zärtliche Geborgenheit erlebt hat und dabei nicht anklammernd festgehalten worden ist, entwickelt natürlicherweise einen Drang, zu Fremden Beziehungen aufzunehmen und in der Entwicklung sexueller Regungen nicht nur erotische Kontakte in der Primärfamilie zu suchen, sondern auch zunehmend mit Fremden.
> Wo daher eine Fixierung von sexuellen Bedürfnissen gegenüber Elternfiguren anzutreffen ist, darf man annehmen, daß unerfüllte Geborgenheitswünsche bestehen, die eine Entwicklung zur Aufnahme von Objektbeziehungen mit Fremden verhindert hat.

Bei Herrn B. hatte genau diese Vermischung von dyadischer Bedürftigkeit mit (unbewußten) sexuell-inzestuösen Impulsen zu einer »präödipalen Mutterübertragung« (Ermann, 1985, S. 104) auf seine Ehefrau geführt, welche sein libidinöses Verlangen ihr gegenüber regelmäßig mit Schuldgefühlen belastete. Die dyadisch-ödipale Übertragungsneigung des Patienten seiner Frau gegenüber zeigte sich zum Beispiel daran, daß er sie sehr häufig als mit den gleichen Charaktereigenschaften ausgestattet beschrieb wie seine Mutter.

Das Abdriften von Herrn B. in die Spielsucht, das nach seiner Heirat begonnen hatte, stand in engem Zusammenhang mit dieser durch zwei psychodynamische Konfliktebenen gekennzeichneten Übertragungskonstellation. Die ödipale Komponente des pathologischen Glücksspiels bestand bei ihm darin, daß er im ruinösen Spielverlust sein starkes Strafbedürfnis für den mit unbewußten Übertragungsphantasien durchsetzten ehelichen Beischlaf abreagierte. Dieser Zwang zur Selbstbestrafung für den an der Ehefrau symbolisch vollzogenen Inzest mit der Mutter war dem Patienten in Form eines starken und diffusen Schuldgefühles in seinem bewußten Erleben zugänglich und wurde von ihm als das bestimmende Motiv seines pathologischen Glücksspiels angesehen. Von dieser ödipalen Konfliktebene aus gesehen, handelte es sich bei der Spielsucht Herrn B. um einen Konfliktlösungsversuch im Rahmen einer neurotischen Problematik, wie er von Schürgers & Haustein (1988) in Abgrenzung zu den schweren ich-strukturellen Störungen beschrieben wird.

Die von Schürgers & Haustein (ebenda, S. 193) für diese Spieler als charakteristisch angesehene Verschiebung der Aggressionsabfuhr von realen Personen auf die Geldspielautomaten sowie die hier typischen »Selbstbestrafungstendenzen im Zusammenhang mit Suizidgefühlen« (ebenda) waren bei Herrn B. jedoch nicht nur Ausdruck eines ödipalen Konflikts, sondern auch Symptome einer darunterliegenden dyadischen Problematik: Insbesondere nach der Geburt seines Sohnes hatte sich für den Patienten der Schwerpunkt seiner Glücksspiel-Pathodynamik verschoben: Die Geburt seines Kindes wurde von ihm auf einer unbewußten Ebene als Relativierung der elterlichen Dyade, als Versagung und gewaltsamer Ausschluß mitsamt den dazugehörigen Neid- und Wutgefühlen erlebt. Das latent-aggressive Potential des Patienten, das aus seiner unzureichenden Mutter-Kind-Dyade herrührte, wurde daher in der Folge massiv aktiviert. Der Spielautomat war für ihn jetzt nicht mehr nur ein symbolischer Vertreter des als Strafinstanz gefürchteten Vaters, sondern auch Repräsentant der dyadisch-unzulänglichen Mutter. Er bot die bessere, da vermeintlich kontrollierbare Dyade an und ermöglichte Herrn B. die Kompensation seiner nun präödipal verschärften Aggressions- und Selbstbestrafungsdynamik.

Ein großer Teil seiner unbewußten Wut auf den zugleich abwesenden und gefürchteten Vater war von Herrn B. mit der zunehmend dyadischen Determinierung seiner Spielsucht auf die Imago der präödipal versagenden Mutter verschoben worden. Das ihr gegenüber ohnehin schon bestehende Aggressionspotential wurde somit noch verstärkt. Derart aus der intrapsychischen Schußlinie genommen, wurde der Vater von dem Patienten jetzt als Opfer der Mutter idealisiert. Mit Ermann (1985, S. 99) kann dies als Ausdruck der starken Sehnsucht von Herrn B. nach einer ihm (nachträglich) aus der unbefriedigenden Bindung zur Mutter heraushelfenden Triangulierung interpretiert werden.

Die häufigen Seitensprünge des Patienten können vor dem Hintergrund seiner mangelnden frühen Triangulierung als »Übertragung der Vatersehnsucht« durch eine »Inszenierung von Alternativpartnerschaften« (Ermann, 1985, S. 104) verstanden werden. Die Alternativpartnerschaften stellten für den Patienten auf verschobene Art und Weise das so dringend gesuchte, aus der Dyade herausführende Element dar. Derartige Inszenierungen lassen nach Ermann (ebenda) eine Rekonstruktion der tatsächlichen Vater-Kind-Beziehung zu:

> Der Vater war zutiefst enttäuschend, keine *brauch*bare Alternative gegenüber der Mutter, kein Vater, der anziehend war und anzog, so daß Distanz zur Mutter entstehen konnte und dann eine Wiederannäherung an die Mutter möglich wurde (Hervorhebung im Original).

Die Beziehungsebene, die Herr B. während seines stationären Aufenthalts zum therapeutischen Team aufbaute, war ebenfalls durch die Suche nach einem »dritten Objekt« gekennzeichnet. Er gestaltete die Beziehungen zu den Therapeuten wie eine »Schutz- und Alternativpartnerschaft«, die sich »ganz ausdrücklich gegen die präformierten Beziehungen« (zur Ehefrau und zur Mutter) richtete (Ermann, ebenda).

In der Gegenübertragung des Teams wurden in diesem Zusammenhang die von dem Patienten verdrängten und unbewußt in der Spielsucht abreagierten Aggressionen gegen seine Ehefrau offen erfahrbar, zumeist in Form von aufsteigendem Ärger unsererseits dieser scheinbar »unmöglichen Person« gegenüber. Die affektiven Reaktionen der Teammitglieder schlossen somit die bei Herrn B. durch Verdrängung entstandene Lücke seiner Erlebniszusammenhänge. Gleichzeitig spiegelten sie das von dem Patienten gesuchte väterlich-triangulierende Element wider, das sich aggressiv gegen die dyadische Konstellation seiner Ehe richten und seine Autonomiebestrebungen unterstützen sollte.

Alles in allem hatten die Beziehungsangebote von Herrn B. uns gegenüber »Ganzobjekt«-Charakter. Obwohl der Patient sein jeweiliges personelles Gegenüber oftmals in seine neurotischen Übertragungen einband – zumeist im Sinne der »Alternativpartnerschaften« –, geschah dies nicht auf die unmittelbar verfügende, instrumentelle und mit starken Affekten überladene Art und Weise, die von Heigl-Evers & Henneberg- Mönch (1990) für die Partialobjekt-Beziehungsmuster beschrieben wird. Es war Herrn B. innerhalb seiner Übertragungen immer wieder möglich, den anderen ansatzweise als affektiv ambivalent zu erleben und mit den »Augen des inneren Dritten« wahrzunehmen. Die Mitglieder des therapeutischen Teams fühlten sich von ihm als eigenständig handelnde Subjekte akzeptiert. Aggressive Gefühle oder Distanzbedürfnisse dem Patienten gegenüber traten von unserer Seite aus eher selten auf. Herr B. war anscheinend durch das geringere Ausmaß seiner frühkindlichen Traumatisierungen nicht dazu gezwungen, den von Wurmser (1987) für die schweren Neurosen beschriebenen Abwehrmechanismus der Wendung ins Gegenteil (vom Opfer zum Täter) uns gegenüber in Szene zu setzen und damit entsprechende (aversive) Gegenübertragungsreaktionen zu provozieren.

Vor allem an dieser spezifischen Übertragungs-Gegenübertragungs-Dynamik zwischen dem therapeutischen Team und Herrn B. wurde deutlich, daß der Patient ein relativ »reifes« psychisches Organisationsniveau aufwies. Herr B. verfügte über ein ausreichend gut integriertes Ich, welches seine verschiedenen Persönlichkeitsanteile und die mit ihnen verbundenen Affektqualitäten nicht durch archaische Abwehrmechanismen getrennt halten mußte. Wie sich an seiner guten Integration in die Gemeinschaft seiner Heimatstadt zeigte, hatte dieses verhältnismäßig stabile, von archaischen und polarisierten Affekten freie Selbstkonzept des Patienten enge und konstante Objektbeziehungen zur Folge gehabt.

Die Schuldgefühle und zeitweiligen Suizidgedanken sowie die depressiven Phasen von Herrn B. wiesen darüber hinaus auf eine überwiegend gelungene Integration des Über-Ichs in seine Persönlichkeitsstruktur hin. Obwohl das Über-Ich von Herrn B. durch die Verschränkung von präödipalen und ödipalen Konflikten recht strenge und strafende Züge aufwies, war es für ihn nicht nur in der Projektion und/oder Externalisation, sondern als eigene psychische Instanz erfahrbar.

Auch die unspezifischen Anzeichen von Ich-Schwäche (mangelnde Affekt-/Impulskontrolle, ungenügende Angsttoleranz und unzureichend entwickelte Sublimierungen) waren bei Herrn B. – mit Ausnahme der um das pathologische Glücksspiel zentrierten Impulshandlungen – nicht sonderlich stark ausgeprägt. Ein phobischer, die Persönlichkeitsstruktur beherrschender Kern war bei dem Patienten ebenfalls nicht zu beobachten. Eine wohl genügende präverbale Affektregulierung und -abstimmung und relativ gemäßigte traumatische Erfahrungen in den darauffolgenden Entwicklungsphasen hatten bei ihm die Herausbildung eines Grundstocks an affektiver Regulierungskompetenz zugelassen. Dieses hinreichend »gute innere Objekt« hatte ihm die Bindung seiner neurotisch-konfliktbedingten Affekte von Wut, Scham und Schuld in einer »kombinierten« Abwehrstruktur aus »reiferen«

Abwehrmechanismen und partiellen Impulsäußerungen (vgl. Kernberg, 1981, S. 145) ermöglicht.

Die Abwehrstruktur von Herrn B. war dabei überwiegend um die Verdrängung und die mit ihr verbundenen Abwehrmechanismen zentriert (zum Beispiel Rationalisierung, Intellektualisierung und Ungeschehenmachen, vgl. Kernberg, ebenda, S. 146). Mit der zusätzlichen Unterstützung dieser »Verteidigungslinien« durch die »strukturierte Impulsivität« der Spielsucht konnte der Patient auch nach tiefgreifenden Veränderungen seiner psychosozialen Gesamtsituation – zum Beispiel nach seiner Heirat und nach der Geburt seines Sohnes – sein neurotisches Aggressionspotential dauerhaft binden und unbewußt halten. Bewußt waren ihm lediglich die selbstreflexiven Affekte der Scham und Schuld: Herr B. schämte sich immer wieder sowohl für die starke innerliche Abhängigkeit von seiner Ehefrau als auch dann, wenn er beim (unbewußt) dyadisch phantasierten Automatenspiel »erwischt« wurde. Seine massiven Schuldgefühle äußerten sich dagegen, wie beschrieben, zumeist als Trennungsschuld, wenn er die eheliche Dyade verließ, um sich dem Automatenglücksspiel und den Alternativpartnerschaften zuzuwenden, sowie in den ödipalen Selbstbestrafungsimpulsen für das inzestuös geprägte Verlangen gegenüber seiner Frau.

Im Verlauf seiner stationären Therapie gelang es dem Patienten zunehmend, seine Depressionen und seine Schuldgefühle in den therapeutischen Prozeß einzubringen und anschließend die darunterliegenden, auf die Imagines der Eltern gerichteten Aggressionen ansatzweise in sein bewußtes Selbstbild zu integrieren.

4.4 Kurze vergleichende Diskussion und therapeutischer Ausblick

Betrachtet man die von mir in diesem Kapitel vorgestellten Fälle von Spielsucht noch einmal im vergleichenden Rückblick, so bestätigen sie in einer ersten Analyse der konkreten Glücksspielsymptomatik die im zweiten Kapitel dieser Arbeit vorgestellte Sichtweise, daß das pathologische Glücksspiel ein eigenständiges Störungsbild mit Suchtcharakter darstellt. Sowohl Herr M. als auch Herr K. und Herr B. erfüllten von ihrem Verhalten am

Geldspielautomaten her mehr als vier der insgesamt neun im DSM-III-R (Wittchen et al., 1991) aufgeführten Kriterien, nach denen die Diagnose »Pathologisches Spielen« zulässig ist (vgl. Kapitel 2.2). Außerdem hatte das exzessive Spielen bei allen drei Patienten vor ihrer Klinikaufnahme das Suchtstadium mit Kontrollverlust und Abstinenzunfähigkeit erreicht (vgl. Meyer & Bachmann, 1993, S. 34).

Die psychoanalytisch orientierte Differentialdiagnostik der jeweils hinter der Glücksspielsymptomatik verborgenen Psychodynamik und ich-strukturellen Defizite machte jedoch deutlich, daß Herr M., Herr K. und Herr B. an unterschiedlich schweren Grundstörungen litten. Das differierende Ausmaß ihrer frühen Traumatisierungen und Versagungen hatte bei ihnen zu einer unterschiedlichen Intensität ihrer affektiven Reaktionen und zu einer individuell variierenden Hypotrophie eines »guten inneren Objekts« (Winnicott, 1958/1984, S. 41) geführt. Dieser je nach Patient mehr oder weniger stark ausgeprägte Mangel an intrapsychischer Affektregulierungskompetenz bzw. eines grundlegenden Gefühls für das »Selbst als Urheber« (Stern, 1992, S. 106) war bei ihnen jedoch, trotz ansonsten verschiedener Auswirkungen, für *eine* zentrale psychodynamische Gemeinsamkeit verantwortlich: Die Bewältigung des »Angelpunktes der psychischen Entwicklung« (Blanck & Blanck, 1980, S. 84) in der Loslösungs- und Individuationsphase des zweiten und dritten Lebensjahres war bei allen dreien zum Teil erheblich erschwert worden. Dieser Entwicklungsschritt des Kleinkindes ist im Normalfall vor allem durch die intrapsychische Errichtung der emotionalen Objektkonstanz, die Relativierung der frühen Mutter-Kind-Dyade und die Hinwendung zu triangulären Interaktionsmustern gekennzeichnet.

Besonders Herr M. und Herr K. waren von ihrem psychischen Entwicklungsstand her einem dyadischen Weltbezug noch sehr verhaftet und wiesen – allerdings in verschieden starker Ausprägung und mit unterschiedlichen strukturellen Folgeerscheinungen – eine mangelnde Triangulierung ihrer Selbst- und Objektrepräsentanzen bzw. die von Heigl-Evers & Henneberg-Mönch (1990) beschriebenen Partialobjekt-Beziehungsmuster auf. Die Anfälligkeit gerade dieser beiden Patienten für das pathologische Glücksspiel, das ein »Abtauchen« in einen »dyadischen Zweikampf« zwischen Geldspielautomat und Spieler um *das* Symbol für Unabhängigkeit und Selbstdurchsetzung unserer Zeit, das Geld, ermöglicht, war daher nicht verwunderlich.

Von Herrn M. wurden die mit seinen Partialobjekt-Beziehungsmustern verknüpften und stark polarisierten Affekte schon seit seiner Jugendzeit kontinuierlich durch die dyadisch strukturierte Verteidigungslinie der Automatenspielsucht externalisiert und zusätzlich durch seine stoffgebundene Abhängigkeit gedämpft. Herr K. dagegen, dessen basale Affektstörung und die aus ihr resultierenden Einschränkungen seiner Ich-Funktionen ein weniger intensives Ausmaß aufwiesen, hatte eine derart extreme und offene Polarisierung seiner inneren Repräsentanzen und Affekte bis zum massiven Ausbruch seiner Spielsucht durch seine massive narzißtische Abwehr »verhindern« können: Sein Größen-Selbst und seine sekundäre »Als-Ob«-Charakterabwehr hatten über weite Strecken die auch bei ihm vorhandenen, aus frühkindlichen Versagungen stammenden archaischen Affekte der aversiven Reihe (insbesondere Wut und Haß) von seinen bewußten Selbst- und Objektrepräsentanzen ferngehalten.

In dyadisch strukturierten Konfliktsituationen (zum Beispiel bei Verlusten, neuen Bindungen und beruflichem Erfolg) setzte jedoch auch Herr K. die vor dem Spielautomaten exerzierte Pendelbewegung zwischen narzißtischen Hochgefühlen während der Gewinnserien und Vernichtungs-/Bestrafungsgefühlen im ruinösen Spielverlust zur intrapsychischen Stabilisierung ein. Seine in den Krisensituationen nicht mehr zu verleugnenden narzißtischen Aggressionen sowie die mit ihnen verbundenen Ohnmachts- und Vernichtungsgefühle wurden dann von ihm, fern von seinen realen Bezugspersonen, im Ringen mit dem Geldspielautomaten offen erlebt und damit gleichzeitig kanalisiert. Die Spielsucht konnte also bei Herrn K., ebenso wie bei Herrn M., als eine unbewußt intendierte, narzißtisch-masochistische Reinszenierung des gescheiterten Loslösungs- und Individuationsprozesses seiner frühen Kindheit verstanden werden.

Aus einer »klassisch«-psychoanalytischen, auf die ödipale Konfliktdynamik fokussierenden Perspektive heraus ließen sich Herrn K.s ruinöse Geldverluste im Glücksspiel auch als unbewußte Über-Ich-Selbstbestrafung für den Versuch der beruflichen Überflügelung des Vaters verstehen. Wie sich bei genauerem Hinsehen jedoch zeigte, war das mit der Suchtentwicklung verbundene Scheitern des Patienten im beruflichen Bereich weniger auf eine »reife« ödipale Konfliktkonstellation als vielmehr auf eine »pseudo-ödipale« Verweigerung der väterlichen Lebenswelt im ganzen zurückzuführen. Anders als Herr M., der sich nie bewußt mit seinem gewalttätigen Vater hatte identifizieren können, hatte Herr K. zwar auf einer oberflächlichen Ebene die Werte und den Lebensstil des Vaters übernommen; unbewußt jedoch hatte er, hier wiederum Herrn M. ähnlich, die dyadisch-mütterliche Position niemals richtig verlassen und sich somit nur scheinbar der Triade und dem väterlichen »dritten Objekt« zugewandt. Zu unnahbar und emotional »kalt« war die Beziehungsqualität zum Vater gewesen, und zu mächtig war der unbewußte Sog einer in der realen Vergangenheit ungenügenden und daher in der unbewußten Phantasie verklärten Mutter-Kind-Dyade.

Bei Herrn B., bei dem Ansätze eines »guten inneren Objekts« sowie eine partielle Triangulierung seiner Selbst- und Objektrepräsentanzen zu »Ganzobjekten« hin zu beobachten waren, war die Spielsucht ebenfalls nicht nur als Externalisation eines »reinen« Bindungs-Autonomie-Konflikts zu verstehen. Sie stellte bei ihm darüber hinaus und zu größeren Anteilen als bei Herrn K. und Herrn M. auch einen ödipal determinierten Konfliktlösungsversuch dar. Die massiven Spielverluste des Patienten dienten daher nicht ausschließlich der Selbstbestrafung für *dyadisch* determinierte Größenphantasien; sie waren auf einer ontogenetisch fortgeschritteneren und dem Patienten teilweise sogar bewußten Ebene ebenso eine Art Buße für sein inzestuös geprägtes, von einer »präödipalen Mutterübertragung« überlagertes sexuelles Verlangen seiner Ehefrau gegenüber.

Als »gemeinsamer psychodynamischer Nenner« der drei Patienten für die (unbewußte) Auswahl der »Verteidigungslinie Automatenspielsucht« können also, in Übereinstimmung mit den theoretischen Grundannahmen des dritten Kapitels, eine auf frühe Traumatisierungen/Frustrationen zurückgehende Behinderung des Loslösungs- und Individuationsprozesses im Kleinkindalter sowie die hieraus hervorgehende, individuell unterschiedlich stark ausgeprägte Disposition zu narzißtisch-masochistisch und dyadisch strukturierten Interaktionsmustern festgehalten werden. Darüber hinausgehende psychodynamische Gemeinsamkeiten des pathologischen Glücksspiels oder gravierende ichstrukturelle Ähnlichkeiten waren bei Herrn M., Herrn K. und Herrn B. nicht festzustellen.[24]

Bezüglich der Erörterung konkreter Behandlungsperspektiven für die von mir vorgestellten Spieler muß in einer ersten Überlegung nochmals mit Meyer & Bachmann (1993, S. 37) darauf hingewiesen werden (siehe Kapitel 2.4), daß die manifeste Spielsucht in der Regel das *chronifizierte* Endstadium eines längeren psychopathologischen Prozesses darstellt und daher allgemein zur Entkoppelung von der basalen psychischen Störung neigt. Eine effiziente Therapie des pathologischen Glücksspiels sollte infolgedessen die manifeste Sucht und eventuell bestehende Grundstörungen getrennt betrachten und unter Umständen zeitlich versetzt (zuerst die Sucht) behandeln (vgl. Meyer & Bachmann, ebenda, S. 38). Meyer (1991, S. 279) schreibt hierzu an anderer Stelle:

> Die ausschließliche psychotherapeutische Bearbeitung möglicher Grundstörungen reicht nach Auffassung von Suchttherapeuten (Kellermann, 1988; Bachmann, 1989; Thomas, 1989) jedoch nicht aus, da die Eigendynamik unberücksichtigt bleibt. Die Vertiefung der Krankheitseinsicht und Analyse der Wirkungsmechanismen von Glücksspielen, die Vermittlung und Festigung des Abstinenzgebotes, das Erlernen von Selbstkontrolltechniken (Gedankenstopp etc.) sowie das Durchspielen potentieller Rückfallsituationen und gegebenenfalls die Analyse erlebter Rückfälle dürften diesbezüglich erfolgversprechende Interventionsstrategien sein. Verhaltensweisen und Einstellungen sollten aufgebaut werden, die eine Alternative zur Flucht in die Sucht darstellen (Schulte-Brandt, 1989).

Therapeutisch impliziert dies den Rückgriff auf ein initiales suchtspezifisches Behandlungsangebot zumindest für jene Spieler, die, wie die Patienten in meinen Fallbeispielen, von ihrer Symptoma-

24 Die sowohl bei Herrn K. als auch bei Herrn B. zu beobachtenden ödipalen Komponenten des Spielsuchtgeschehens waren bei beiden Patienten – allerdings in einem jeweils unterschiedlichem Ausmaß und mit differierenden inhaltlichen Konsequenzen – stark von der dyadischen Konfliktebene überlagert, so daß der Ödipuskonflikt hier kaum als eigenständiger Erklärungsfaktor des pathologischen Glücksspiels herangezogen werden kann.

tik her das Stadium der manifesten Sucht erreicht haben und eventuell sogar eine zusätzliche stoffgebundene Abhängigkeit aufweisen.

Ob dabei im Einzelfall mehr ein ambulantes oder eher ein stationäres suchttherapeutisches Behandlungsangebot angezeigt ist, sollte nicht nur auf Grund des Ausmaßes und der Intensität des manifesten Suchtverhaltens und im Hinblick auf die aktuelle psychosoziale Gesamtsituation des Betroffenen entschieden werden. Auch die Schwere und die Art der hinter dem pathologischen Glücksspiel stehenden psychischen Störung sollten sorgfältig eruiert werden (vgl. Caspari, 1993, S. 208). Aßfalg (1988, S. 172) fordert in diesem Zusammenhang von einem psychoanalytischen Standpunkt aus folgende ich-strukturelle »Standards« als Voraussetzung für eine ambulante Suchttherapie:

- ein Mindestmaß an emotionaler Objektkonstanz (welche ein geringes Ausmaß von archaischen Abwehrmechanismen zur Vorbedingung hat und im Idealfall ein tragfähiges therapeutisches Arbeitsbündnis sichert),
- eine ausreichend gut entwickelte Realitätsprüfung (gekennzeichnet durch die Fähigkeit, Innen- von Außenwahrnehmungen zu unterscheiden),
- die Fähigkeit zur Affektdifferenzierung sowie
- eine nicht zu geringe Frustrationstoleranz und eine in Ansätzen vorhandene Affekt- und Impulskontrolle.

Dieses für ein ambulantes suchttherapeutisches Behandlungssetting erforderliche Mindestmaß an ich-strukturellen Voraussetzungen war bei meinen Fallbeispielen lediglich bei Herrn B. gegeben. Er konnte, im Unterschied zu den anderen beiden vorgestellten Patienten, am ehesten als »klassischer« Neurotiker bezeichnet werden – mit der Einschränkung, daß auch bei ihm die psychische Störung nicht nur auf einen ödipalen Konflikt zurückzuführen war, sondern darüber hinaus auch Versagungen in der frühen Mutter-Kind-Dyade und eine mangelnde Triangulierung widerspiegelte. Auf Grund seines exzessiven Spielverhaltens im Suchtstadium stellte die stationäre Suchttherapie jedoch auch bei Herrn B., ebenso wie bei den anderen beiden Patienten, eine angemessene akute Interventionsstrategie dar.

Ein unterschiedliches, an der Schwere ihrer jeweiligen Affektstörung und an dem individuell verschiedenen Ausmaß ihrer ich-strukturellen Defizite orientiertes Vorgehen war indes bei einer weitergehenden, tiefenpsychologisch fundierten Psychotherapie der drei von mir vorgestellten Patienten indiziert. So ist nach Burian (1985, S. 35) bei Patienten wie Herrn M. und Herrn K., deren traumatisch-archaische Affekte nicht oder nur unzureichend symbolisch encodiert worden waren und deren Symptomatik daher als »alexithym«[25] imponierte, generell eine vorbereitende Phase der psychotherapeutischen Behandlung anzusetzen. Diese Initialphase der Behandlung soll es dem Patienten ermöglichen, allmählich seine Gefühle zu identifizieren und zu beschreiben. Burian (ebenda) schreibt:

> Unser erster Schritt in der Behandlung alexithymer Patienten muß sein, die Natur der alexithymen Störung zu vermitteln. Dann müssen wir dem Patienten behilflich sein, seine Gefühle zu ertragen und später zu verbalisieren. Gerade dieser Prozeß der Affekterkennung und der Verbalisierung ist ein besonders schwieriges Unternehmen.

Heigl-Evers & Heigl (1984, S. 239) beschreiben diese bei stärkeren und/oder frühen Sozialisationsschädigungen und Traumatisierungen zu wählende therapeutische Vorgehensweise, die gezielt bei der mangelnden En- und Decodierung der Affekte ansetzt, im Rahmen ihres psychoanalytisch-interaktionellen Therapiekonzepts als »Affekt-Identifizierung« (ebenda):

> Sie [die Affekt-Identifizierung – der Verf.] wird dann eingesetzt, wenn der betreffende Patient die aktuell in ihm wirksamen Affekte nur vage, durch mimisch-gestische Mikrosignale vermittelt, also in deintensivierter Form, wenn er sie neutralisiert oder

25 Der Begriff der »Alexithymie« (zu deutsch: die Unfähigkeit, Gefühle zu lesen) wurde von den Bostoner Psychoanalytikern Nemiah und Sifneos Anfang der siebziger Jahre eingeführt (vgl. Nemiah & Sifneos, 1970). Er beschreibt ein Phänomen, das sie bei vielen ihrer psychosomatischen Patienten beobachten konnten und das von der französischen psychosomatischen Schule einige Jahre vorher als »pensée opératoire« (operatives Denken) bezeichnet worden war (vgl. Marty & M'Uzan, 1963): ein mechanistischer Gedankenstil, ein auffallender Phantasiemangel und eine allgemeine affektive Verflachung, kombiniert mit der Schwierigkeit, Gefühle zu benennen, zu differenzieren und auszudrücken.

> durch einen anderen Affekt maskiert. Dabei kann es sich darum handeln, daß der Patient den betreffenden Affekt noch gar nicht enkodiert hat oder aber daß der Affekt enkodiert wurde, jedoch aus Gründen, die gleichfalls therapeutisch zu klären sind, nicht oder nicht eindeutig, unter Verwendung von Sprachsymbolen, übermittelt werden kann. Das therapeutische Ziel wäre also, dem Patienten zu einer Enkodierung seiner Affekte zu verhelfen oder aber über eine Dekodierung von seiten des Analytikers ihm die eindeutige sprachliche Erfassung und Mitteilung des betreffenden Affektes zu ermöglichen.

Es kommt demnach bei dieser therapeutischen Verfahrensweise nach Heigl-Evers & Nitzschke (1994, S. 58) darauf an, den Patienten ihre zumeist früh gestörten archaischen Affektqualitäten und die dazugehörigen traumatischen Objektbeziehungsmuster unter Vermeidung von Regressionen und unter Achtung ihrer Ich-Toleranzgrenze *erstmalig* symbolisch-verbal zugänglich zu machen.

> Zudem geht es hierbei nicht nur um Korrektur pathologischer Erfahrungsmuster, sondern immer auch um das Ausfüllen von »Lücken«, also um *erstmalige* Erfahrung, nicht nur um Wiederholung. Der Freudsche Satz, »Wo Es war, soll Ich werden« würde im strengen Sinne demnach gerade für die präödipalen Störungen gelten. (Ebenda, Hervorhebung im Original)[26]

26 Die psychoanalytisch-interaktionelle Methode beinhaltet dabei nicht nur die Affekt-Identifizierung im hier beschriebenen Sinne, sondern auch die Übernahme von Hilfs-Ich-Funktionen durch den Therapeuten und dessen authentische, in der Expression selektive Antwort auf das unbewußte Kommunikationsangebot des Patienten. Heigl-Evers & Ott (1994, S. 2 f.) schreiben: »Will man dem Patienten zur Entwicklung einer personalen Objektbeziehung verhelfen, zum Wahrnehmen und Annehmen von Alterität, des im Wortsinne Anderen, dann sollte man versuchen, die eigene Andersartigkeit dem Patienten in einer Art und Weise zu vermitteln, die dessen Toleranzgrenzen berücksichtigt, ihn dabei jedoch spürbar mit Alterität konfrontiert. Dies geschieht einmal durch *Übernahme einer Hilfs-Ich-Funktion*: der Therapeut vermittelt dem Patienten, wie er selbst sich in der von ihm berichteten Situation verhielte. Es ist ein Angebot, das ein Element der Alterität enthält: Ich, der Therapeut, würde in einer solchen Situation so und so – das heißt, anders als Du – handeln. Gleichzeitig wird damit ein Identifikationsangebot gemacht: Wie wäre es, wenn

Bei Herrn M. hatte dies vom konkreten therapeutischen Vorgehen her bedeutet, die unter seinen »Deckaffekten« der Wut und der Angst verborgenen traumatischen Gefühle von Scham, Ohnmacht und Hilflosigkeit schrittweise und situationsgerecht durch die zeitweilige Übernahme von »Hilfs-Ich-Funktionen« unsererseits (vgl. Fürstenau, 1977, S. 203) zu verbalisieren. So konnten sie den kognitiven Prozessen des Patienten schrittweise zugänglich gemacht werden. Bei Herrn K. dagegen hatte sich der Prozeß der Affekt-Identifizierung zunächst mehr auf die Decodierung und Offenlegung seines in die narzißtischen Abwehrstrukturen eingebundenen und unbewußt gehaltenen Aggressionspotentials konzentrieren müssen. Erst nach dieser Encodierung seiner starken aversiven (Deck-)Affekte war es dem Patienten möglich, auch seine Ohnmachts- und Einsamkeitsgefühle zu spüren und im bewußten Erleben zuzulassen.

Beide Patienten konnten nachhaltig von der therapeutischen Konzentration auf ihre unbewußte Affekt-Pathodynamik profitieren: Herr M., der noch Jahre nach seiner stationären Entwöhnungstherapie die »Ehemaligentreffen« der Station besuchte, hatte – trotz der Schwere seiner Impulsdurchbrüche während der Behandlung – zu einer beträchtlichen Stabilisierung seiner Lebensumstände und zu dauerhafter Abstinenz finden können. Herr K. hatte seine narzißtische Abwehrstruktur nach dem Ende unserer tiefenpsychologisch fundierten Suchttherapie so weit »gelockert«, daß er zusehends auch negative Gefühle in sein Selbstbild und seine engeren Beziehungen integrieren konnte. Nach und nach gelang es ihm, den Umgang mit seinen Mitmen-

Du es auch einmal so oder ähnlich versuchen würdest? Außerdem wird ein Hilfsangebot gemacht: Du könntest mit solchen Situationen anders, mehr zugunsten Deiner Interessen, Bedürfnisse und Gefühle umgehen.
Die Intervention des *authentischen Antwortens* heißt dem Patienten zu vermitteln: Wenn Du Dich so und so verhältst, dann erlebe ich Dich so und so, dann fühle ich das und das Dir gegenüber. In einer solchen Intervention ist das konfrontative Element stärker ausgeprägt als bei der Ausübung einer Hilfs-Ich-Funktion; das ›dritte Objekt‹ zeichnet sich hier stärker ab, wird deutlich spürbar: Es gibt etwas anderes, etwas Unerwartetes, etwas Drittes in dieser therapeutischen Situation« (Hervorhebungen im Original).

schen durch eine authentische »Streit- und Auseinandersetzungskultur« zu bereichern.

Bei weniger schweren Affektstörungen und einem geringerem Ausmaß an ich-strukturellen Defiziten, wie zum Beispiel bei Herrn B., sollte nach Heigl- Evers & Heigl (1984, S. 239) eher die therapeutische Technik der »Affekt*klarifizierung*« (Hervorhebung vom Verf.) angewandt werden. Bei ihr geht es, im Unterschied zur Affekt-*Identizierung*, nicht um eine erstmalige Encodierung traumatischer Affektqualitäten, sondern um die *Wieder*-Bewußtmachung bereits in sprachliche Symbole gefaßter, zwischenzeitlich jedoch verdrängter Affekte. Heigl-Evers & Heigl (ebenda):

> Bei der Technik der Affektklarifizierung geht es darum, die Entstehungszusammenhänge von solchen Affekten herauszuarbeiten, die vom Patienten enkodiert wurden, deren Entstehen im aktuellen Erleben ihm jedoch nicht oder nur unvollständig bewußt ist. Soweit der Patient solche Zusammenhänge wahrnimmt, hält er sie oft für ausreichend schlüssig. Der Therapeut versucht, mit Hilfe klarifizierender Interventionen, dem Patienten die fehlenden Glieder in den Zusammenhangsketten nahezubringen, wobei in der Regel Widerstände bearbeitet werden müssen. Der in dieser Weise tiefenpsychologisch fundiert vorgehende Psychotherapeut orientiert sich an den Prinzipien von Abstinenz, Anonymität und Neutralität; er vollzieht die therapeutisch notwendige Dekodierung der Affekte seines Patienten, indem er sich für die Induktion und Enkodierung dieser Affekte … in seinem eigenen Inneren offenhält.

Im Falle von Herrn B. war dies während unserer stationären Behandlung durch die sich beim therapeutischen Team einstellende Wahrnehmung *seiner* verdrängten Aggressionen gegenüber der Ehefrau geschehen. Die klarifizierende Intervention unsererseits hatte daraufhin darin bestanden, die zwar von seinem inneren Zensor abgeblockten, ihm jedoch prinzipiell symbolisch zur Verfügung stehenden Wutgefühle durch Deutung in sein bewußtes Selbstbild zu reintegrieren. Die Entstehungszusammenhänge seiner aus der »präödipalen Mutterübertragung« herrührenden aversiven Affekte wurden ihm dabei allmählich verständlich.

Die Technik der Affektklarifizierung entspricht demnach in ihrer Vorgehensweise mehr dem »klassischen« Repertoire der Psychoanalyse, das an der mutmaßenden Erfassung und Deutung von innerseelischen Konflikten und den dazugehörigen, topographisch dem Unbewußten des Patienten zuzuordnenden Übertragungsabläufen orientiert ist (vgl. Heigl-Evers & Heigl, 1983. S. 11). Heigl-Evers & Heigl (ebenda, S. 13) räumen in diesem Zusammenhang ein, daß auch bei schwereren ich-strukturellen Störungen nach einer initialen interaktionellen Therapie und der dadurch bewirkten Herausbildung eines »fiktiven Normal-Ich« (Freud, 1937, S. 85) eine anschließende Psychoanalyse indiziert sein kann.

5. Zusammenfassung

Ausgehend von einer seit dem Ende der siebziger Jahre zu beobachtenden Zunahme der stoffungebundenen »Tätigkeits«-Süchte (wie zum Beispiel der Bulimia nervosa und dem pathologischen Glücksspiel) werden von professionell-therapeutischer Seite aus in zunehmendem Maße eine fundierte Differentialdiagnostik dieser Syndrome und, darauf aufbauend, die Entwicklung differenzierter therapeutischer Interventionsstrategien eingefordert. Mein Buch greift dieses Anliegen auf und widmet sich der Fragestellung, inwiefern auf der Basis neuerer theoretischer Ansätze der Psychoanalyse und am Beispiel des pathologischen Glücksspiels ein psychodynamisch-differentialdiagnostisches Modell entwickelt werden kann, das eine adäquate Erfassung der hinter der »Neuen-Süchte«-Symptomatik verborgenen psychischen Grundstörungen ermöglicht.

Eine erste, phänomenologisch orientierte Annäherung an das pathologische Glücksspiel ergab, daß dieses vor allem in den USA schon seit längerer Zeit bekannte Syndrom mittlerweile in die beiden großen internationalen Klassifikationssysteme psychischer Krankheiten, das ICD-10 und das DSM-III-R, aufgenommen worden ist. Auch in Deutschland nimmt die Anzahl pathologischer Spieler in Selbsthilfegruppen und Suchtfachkliniken in den letzten beiden Jahrzehnten ständig zu. Zurückzuführen ist dies sowohl auf sozioökonomische Faktoren, wie zum Beispiel den allgemeinen Boom der Glücksspielbranche, als auch auf eine sozialpsychologisch erklärbare Verschiebung innerhalb der Suchtphänomenologie unserer Gesellschaft. Eine Übersicht über die bislang im deutschen Sprachraum vorgenommenen Untersuchungen an pathologischen Spielern zeigte deutlich, daß Geldspielautomaten die zur Zeit mit Abstand am häufigsten frequentierte Glücksspielform dieser Untersuchungsgruppe darstellen. Es konnte weiterhin belegt werden, daß das pathologische Glücksspiel eine »Domäne« junger Männer ist und vor dem Hintergrund sehr unterschiedlicher psychischer Grundstörungen auftritt. Darüber hinaus ist eine im Vergleich zur Gesamtbevölkerung überdurchschnittlich große Nähe der Spieler zu stoffgebundenen Abhängigkeiten und zum Substanzmißbrauch zu verzeichnen.

Die in der Fachliteratur heftig diskutierte Frage, ob das pathologische Glücksspiel als eine Suchtkrankheit im engeren Sinne bezeichnet werden kann, wurde von mir unter Verweis auf ein multikonditionales Entstehungsmodell bejaht: Nach diesem sogenannten »Suchtdreieck« greifen die spezifischen Eigenschaften des Glücksspiels, des Individuums und des Sozialfeldes bei der süchtigen Entwicklung eng ineinander. Viele Spieler durchlaufen zudem bis zur Chronifizierung ihres exzessiven Spielverhaltens charakteristische, dem Phasenverlauf des Alkoholismus vergleichbare Stadien. Das manifeste Suchtstadium des pathologischen Glücksspiels ist schließlich durch Kontrollverlust und Abstinenzunfähigkeit gekennzeichnet und kann als verselbständigte »Endstrecke« der ursprünglich in einem funktionalen Verhältnis zur Grundstörung stehenden Abhängigkeitssymptomatik verstanden werden.

Die Psychoanalyse fokussiert innerhalb des Feldes der Erklärungsansätze des multifaktoriell bedingten Spielsucht-Syndroms dessen unbewußte psychische Determinanten sowie deren Konfliktdynamik. In einem Überblick über die bisherigen psychoanalytischen Erklärungsansätze der Spielsucht wurde deutlich, daß sich deren inhaltlich-konzeptuelle Ausgestaltung seit den dreißiger Jahren von der Triebtheorie zur Ich-Psychologie und dann zu narzißmustheoretischen Vorstellungen hin verlagert hat. Zeitgenössische psychoanalytische Autoren, die sich mit dem pathologischen Glücksspiel beschäftigen, beziehen sich überwiegend auf die Narzißmustheorie Kohuts und sehen die narzißtische Persönlichkeitsstörung als die entscheidende Grundstörung der Spielsucht an.

Wie neuere Arbeiten aus dem Umkreis der Psychoanalyse jedoch gezeigt haben, ist eine starre Zuordnung von bestimmten Symptombildern zu einer spezifischen psychodynamischen Konfliktebene nicht mehr vertretbar. Vielmehr müssen Syndrome wie die Spielsucht als intrapsychische »Verteidigungslinien« aufgefaßt werden, die von verschiedenen Grundkonflikten und ich-strukturellen Organisationsebenen aus aufgesucht werden können. Häufig geht dem Wechsel einer abwehrstrategischen Verteidigungslinie der Zusammenbruch eines habituellen psychosozialen Arrangements voraus. Durch eine Ende der achtziger Jahre von Haustein & Schürgers durchgeführte Untersuchung konnte dies auch für das Syndrom des pathologischen Glücksspiels bestätigt werden.

Haustein & Schürgers vertreten ein psychoanalytisches Verständnis der Spielsucht, welches sich stark an Mahlers entwicklungspsychologisches Modell des Loslösungs- und Individuationsprozesses anlehnt. Der pathologische Spieler ist demnach in seinen frühkindlichen Autonomiebestrebungen gescheitert und unbewußten symbiotischen Phantasien und Verschmelzungsängsten verhaftet. In einer intrapsychischen Pendelbewegung lebt er seine dyadische Fixierung vor dem Geldspielautomaten symbolisch aus: Durch die narzißtisch gefärbten Hochgefühle während der Gewinnserien strebt er vom Objekt weg und nähert sich diesem anschließend - aus Angst vor dessen Verlust - im ruinösen Spielverlust wieder an. Die jetzt im Vordergrund stehende Angst vor Verschmelzung treibt ihn jedoch abermals in die Selbsterhöhung, und der Kreislauf beginnt von neuem. Das suchtartige Aufsuchen dieser dyadischen Konstellation kann nach Schürgers & Haustein sowohl auf eine »narzißtische Lücke« als auch auf einen regressiven Konfliktlösungsversuch im Rahmen einer neurotischen Problematik zurückzuführen sein. Die beiden Autoren unterscheiden deswegen Spieler mit gravierenden ich-strukturellen Defiziten von leichter bzw. neurotisch gestörten Spielsüchtigen.

Da Mahlers Entwicklungsschema der frühkindlichen psychischen Entwicklung durch die Ergebnisse der neueren Säuglingsforschung teilweise in Frage gestellt worden ist und das Spielsuchtmodell von Haustein & Schürgers zudem die wichtige autoaggressive Komponente des ruinösen Spielverlustes vernachlässigt, habe ich im theoretischen Hauptteil dieser Arbeit ein eigenes psychodynamisches Modell der Spielsucht entwickelt. Die wesentlichen Bestandteile der Überlegungen von Haustein & Schürgers, nämlich das Theorem von der dyadisch determinierten Pendelbewegung vor dem Spielautomaten sowie die tiefenpsychologisch begründete Differenzierung der Grundstörungen der Spieler, wurden von mir dabei übernommen und gleichzeitig ergänzt.

Das von mir erarbeitete psychoanalytische Modell des pathologischen Glücksspiels beruht im wesentlichen auf einer Synthese aus dem affektdynamisch und ichpsychologisch ausgerichteten Suchtverständnis Wurmsers und Kernbergs psychoanalytischer Klassifizierung der Charakterpathologie. Wichtige Erkenntnisse der neueren Säuglings- und Emotionsforschung werden dabei berücksichtigt.

Im Mittelpunkt meiner an diesen drei Komponenten orientierten Überlegungen zur Spielsucht stehen das individuell variierende Ausmaß traumatisch bedingter Affekte und die spezifische Qualität der hierauf aufbauenden Abwehrmechanismen, Identifikationen und intrapsychischen Strukturbildungen. Wie die psychoanalytisch orientierte Säuglings- und Emotionsforschung der letzten beiden Jahrzehnte gezeigt hat, sind nämlich nicht die Triebe, sondern die Affekte die zentralen Organisatoren vor allem der frühen psychischen Entwicklung. Schwere Traumatisierungen und langandauernde Versagungen in der frühen Kindheit können durch die Hypertrophie aversiver Affekte den Prozeß der symbolischen En- und Decodierung der Emotionen und damit indirekt auch den Strukturierungsprozeß der Psyche empfindlich stören.

Die traumatischen Affekte, besonders Angst und Wut, und die aus ihnen resultierenden Abwehrmechanismen, Identifizierungen und späteren Konflikte sind dabei um so globaler und archaischer, je mehr sie dem Prozeß der individuellen Symbolbildung und der direkten kognitiven Regulation dauerhaft entzogen sind. In schweren Fällen kommt es zu einem »phobischen Kern« in der Persönlichkeitsstruktur, der sich, wie zum Beispiel bei vielen Süchtigen, durch eine Abhängigkeit von Schutzobjekten und -systemen – den Suchtmitteln – äußern kann. Auf Grund ihrer massiven basalen Affektstörung bildet sich bei den meisten schweren Neurosen und Persönlichkeitsstörungen darüber hinaus eine narzißtisch-masochistische Charakterpathologie heraus: Die durch eine mangelhafte präverbale Affektregulierung »ungezähmten« Primäremotionen bewirken eine Hypertrophie der selbstreflexiven, sich im zweiten und dritten Lebensjahr herausbildenden Affekte der Scham und Schuld. Zumeist gekoppelt an Behinderungen der Autonomiebestrebungen des Kleinkindes in der Trennungs- und Individuationsphase, verursachen diese starken Scham- und Schuldgefühle wiederum eine archaische Spaltung der ersten Identifikationssysteme, der Ich-Ideal- und Über-Ich-Vorläufer. Ein sadistisches Über-Ich und ein von diesem durch archaische Abwehrmechanismen getrennt gehaltenes, narzißtisch verzerrtes Ich-Ideal bilden fortan die Grundlage für eine ausgeprägte Identitätsspaltung.

Die Automatenspielsucht läßt sich bei Patienten mit einer derartigen Pathodynamik als dyadisch determinierte, mit narzißtischen und masochistischen Impulsen durchsetzte Externalisation eines (zuvor intrapsychischen) Kampfs mit einem symbolischen Vertreter des primären Objekts verstehen. Der ruinöse Spielverlust ist dabei als Bestandteil der masochistischen Dynamik unbewußt intendiert und stellt eine Strafe für die vorhergehenden narzißtischen Höhenflüge während der Gewinnserien dar.

Die dyadische Verteidigungslinie der Spielsucht wird in der Regel von verschiedenen Strukturebenen der Charakterpathologie aus aufgesucht. Sie kann daher sowohl eine dauerhafte Kompensation einer schweren Affektregulationsstörung der »niederen« Strukturebene sein als auch auf eine Regression im Rahmen eines Konfliktlösungsversuchs der »mittleren« Strukturebene hinweisen.

Das Ausmaß der basalen Affektstörung des Spielers als auch seine darauf aufbauenden Konflikte und ich-strukturellen Defizite lassen sich durch einen zweidimensionalen psychoanalytischen Aufmerksamkeitsfokus im klinischen Geschehen differentialdiagnostisch erfassen. Zum einen ermittelt der Diagnostiker hierbei durch Beobachtung den ich-strukturellen Status des Patienten: das Ausmaß der Ich- und Über-Ich-Integration, das eventuelle Vorhandensein von unspezifischen Anzeichen von Ich-Schwäche (mangelhafte Affekt-/Impulskontrolle, ungenügende Angsttoleranz und mangelhaft entwickelte Sublimierungen) sowie den Umfang des Gebrauchs archaischer Abwehrmechanismen (wie zum Beispiel die Verleugnung, die Projektion, die Externalisation und die Verkehrung ins Gegenteil). Zum anderen wird, wie bei einer »klassischen« Psychoanalyse, die Übertragungs-Gegenübertragungs-Dynamik zwischen Therapeut und Patient ausgewertet.

Unter Zuhilfenahme von Elementen der sogenannten »psychoanalytisch-interaktionellen Methode« habe ich anhand von drei Fällen pathologischen Glücksspiels versucht, diese doppelte diagnostische Perspektive zu veranschaulichen. Gleichzeitig wurde dabei das von mir zuvor entwickelte psychodynamisch-differentielle Modell der Spielsucht in die Praxis umgesetzt. Es konnte gezeigt werden, daß die von mir vorgestellten Spieler an unterschiedlich schweren Affektregulationsstörungen und einem je differierenden Ausmaß von ich-strukturellen Defiziten litten. Das pathologische Glücksspiel, das bei allen drei Klienten das Stadium der manifesten Sucht erreicht hatte, stellte bei ihnen jedoch übereinstimmend - in individuell unterschiedlicher Intensität und teilweise überlagert von der ödipalen Konfliktebene - eine Externalisation der von mir beschriebenen narzißtisch-masochistischen Pathodynamik dyadischen Ursprungs dar. Darüber hinausgehende psychodynamische Ähnlichkeiten der Grundstörungen der drei Patienten waren nicht festzustellen.

Wegen der häufig zu beobachtenden Tendenz der Spielsucht zur Entkoppelung von der jeweils vorhandenen psychischen Grundstörung wurde von mir in einem abschließenden therapeutischen Ausblick vorgeschlagen, süchtigen Spielern in jedem Fall zu einer initialen Entwöhnungsbehandlung zu raten. Eine weitergehende Psychotherapie der Grundstörungen sollte sich allerdings an der Schwere der jeweiligen Affekt-Pathodynamik und an den ich-strukturellen Gegebenheiten der Spielsüchtigen orientieren.

Literaturverzeichnis

Antons, K. (1976). Alkoholismus – eine Krankheit? In K. Antons & W. Schurz, Normales Trinken und Suchtentwicklung, Bd. 1 (S. 231-254). Göttingen: Hogrefe.

Argelander, H. (1970a). Das Erstinterview in der Psychotherapie. Darmstadt: Wissenschaftliche Buchgesellschaft.

– (1970b). Die szenische Funktion des Ichs und ihr Anteil an der Symptom- und Charakterbildung. Psyche, 24, 325-345.

Aßfalg, R. (1988). Indikationskriterien der psychoanalytisch und/oder verhaltenstherapeutisch orientierten Behandlung Suchtkranker. In A. Heigl-Evers, H. Vollmer, I. Helas & E. Knischewski (Hg.), Psychoanalyse und Verhaltenstherapie in der Behandlung von Abhängigkeitskranken – Wege zur Kooperation? (S. 167-175). Wuppertal: Blaukreuz.

Bachmann, M. (1989). Spielsucht: Krankheitsmodell, Therapiekonzept und stationäre Behandlungsergebnisse. Suchtgefahren, 35, 56-64.

Balint, M. (1937). Frühe Entwicklungsstadien des Ichs. Primäre Objektliebe. In ders., Die Urformen der Liebe und die Technik der Psychoanalyse (S. 93-115). Stuttgart: Klett 1966.

Battegay, R. (1977). Narzißmus und Objektbeziehungen. Bern: Huber.

– (1983). Kritische Betrachtungen zu den Narzißmustheorien. Zeitschrift für psychosomatische Medizin, 29, 209-233.

– (1987). Die Hungerkrankheiten. Unersättlichkeit als krankhaftes Phänomen (erweiterte Ausgabe). Frankfurt am Main: Fischer Taschenbuch.

– (1993). Vom Hintergrund der Süchte (5., vollständig überarbeitete und ergänzte Auflage). Bern: Blaukreuz.

Baumgart, M. (1991). Psychoanalyse und Säuglingsforschung: Versuch einer Integration unter Berücksichtigung methodischer Unterschiede. Psyche, 45, 780-809.

– (1993). Säuglings- und Kleinkindforschung. In W. Mertens (Hg.), Schlüsselbegiffe der Psychoanalyse (S. 275-282). Stuttgart: Verlag Internationale Psychoanalyse.

Bellaire, W. & Caspari, D. (1989). Die Behandlung von Spielern in der Universitäts-Nervenklinik (Homburg/Saar). Praxis der klinischen Verhaltensmedizin und Rehabilitation, 2, 15-18.

Bergler, E. (1936). Zur Psychologie des Hasardspielers. Imago, 22, 409-441.

– (1943). The gambler: A misunderstood neurotic. Journal of Criminal Psychopathology, 4, 379-393.

– (1958). The psychology of gambling. London: Hanison.

Blanck, G. & Blanck, R. (1980). Ich-Psycholoqie II: Psychoanalytische Entwicklungspsychologie. Stuttgart: Klett-Cotta.

– (1981). Angewandte Ich-Psychologie. Stuttgart: Klett-Cotta.

– (1989). Jenseits der Ich-Psychologie. Eine Objektbeziehungstheorie auf der Grundlage der Entwicklung. Stuttgart: Klett-Cotta.

Böning, J. (1991). Bemerkungen zur Arbeit von H. Saß und C. Wiegand: Glücksspielen als Krankheit? Kritische Bemerkungen zur Inflation der Süchte. Der Nervenarzt, 62, 706-707.

Bohleber, W. (1991). Editorial zu »Psychoanalyse und Säuglingsforschung«. Psyche, 45, 741-743.

Brengelmann, J. C. (1990). Sucht, Glücksspiel und Verhaltenseffektivität. Suchtgefahren, 36, 392-401

Brocher, T. & Sies, C. (1989). Maturana und die Psychoanalyse. In Argument-Sonderband 162: Der ganze Mensch und die Medizin (S. 91-100). Hamburg: Argument.

Burian, W. (1984): Die Psychotherapie des Alkoholismus. Göttingen: Verlag für Medizinische Psychologie im Verlag Vandenhoeck & Ruprecht.

– (1985). Das Alexithymiekonzept in der Suchttherapie. Wiener Zeitschrift für Suchtforschung, 8, 33-37.

Caspari, D. (1993). Beratung und Behandlung von Spielern. In Deutsche Hauptstelle gegen die Suchtgefahren (Hg.), Jahrbuch Sucht 94 (S. 204-210). Geesthacht: Neuland.

Ciompi, L. (1986). Zur Integration von Fühlen und Denken im Licht der »Affektlogik«. Die Psyche als Teil eines autopoietischen Systems. In K. P. Kisker, H. Lauter, J.-E. Meyer, C. Müller & E. Strömgren (Hg.), Psychiatrie der Gegenwart, Bd. 1. Neurosen, Psychosomatische Erkrankungen, Psychotherapie (3., völlig neu gestaltete Auflage) (S. 375-410). Berlin: Springer.

Denzer, P., Petry, J., Baulig, T. & Volker, U. (1995). Pathologisches Glücksspiel: Klientel und Beratungs-/Behandlungsangebot. In Deutsche Hauptstelle gegen die Suchtgefahren (Hg.), Jahrbuch Sucht 96 (S. 279-295). Geesthacht: Neuland.

Dilling, H., Mombour, W. & Schmidt, M. H. (Hg.). (1991). Internationale Klassifikation psychischer Störungen: ICD-10, Kapitel V (F), Klinisch-diagnostische Leitlinien, Weltgesundheitsorganisation. Bern: Huber.

Dornes, M. (1993). Der kompetente Säugling. Die präverbale Entwicklung des Menschen. Frankfurt am Main: Fischer Taschenbuch.

Dorsch, F. (1976). Psychologisches Wörterbuch (9. Auflage). Bern: Huber.

Dostojewski, F. M. (1867). Der Spieler. Frankfurt am Main: Insel 1966.

Eagle, M. N. (1988). Neuere Entwicklungen in der Psychoanalyse. München: Verlag Internationale Psychoanalyse.

Erikson, E. H. (1966). Identität und Lebenszyklus. Frankfurt am Main: Suhrkamp.

Ermann, M. (1985). Die Fixierung in der frühen Triangulierung. Forum der Psychoanalyse, 1, 93-110.

– (1993). »Frühe« Triangulierung. In W. Mertens (Hg.), Schlüsselbegriffe der Psychoanalyse (S. 200-208). Stuttgart: Verlag Internationale Psychoanalyse.

Fenichel, O. (1945). Psychoanalytische Neurosenlehre Bd. 2. Olten: Walter 1975.

Ferenczi, S. (1914). Zur Ontogenie des Geldinteresses. Zeitschrift für Ärztliche Psychoanalyse, 2, 506-513.

Feuerlein, W. (1989). Alkoholismus – Mißbrauch und Abhängigkeit. Stuttgart: Thieme.

Fitneßtraining wird zur Sucht. Weser-Kurier, Nr. 88 (18. April 1994), S. 10.

Floßdorf, B. (1989). Neue Süchte, neue Märkte. Psychologie heute, 16, 38-41.

Franke, A. (1994). Eßstörungen aus suchtspezifischer Perspektive. In Deutsche Hauptstelle gegen die Suchtgefahren (Hg.), Jahrbuch Sucht 95 (S. 125-137). Geesthacht: Neuland.

– & Brunner, B. (1997). Eßstörungen – Nosologie, Epidemiologie und Krankheitsbild. In Deutsche Hauptstelle gegen die Suchtgefahren (Hg.), Jahrbuch Sucht 98 (S. 83-88). Geesthacht: Neuland.

Freud, S. (1914). Zur Einführung des Narzißmus. GW X, 137-170.

– (1926). Hemmung, Symptom und Angst. GW XIV, 111-205.

– (1928). Dostojewski und die Vatertötung. GW XIV, 309-418.

– (1937). Die endliche und die unendliche Analyse. GW XVI, 57-99.

Fürstenau, P. (1977). Die beiden Dimensionen des psychoanalytischen Umgangs mit strukturell ich-gestörten Patienten. Psyche, 31, 197-207.

– (1986). Wandlungen des Verständnisses und der Therapie psychogener Störungen in jüngster Zeit. In K. P. Kisker, H. Lauter, J.-E. Meyer, C. Müller & E. Strömgren (Hg.), Psychiatrie der Gegenwart, Bd. 1. Neurosen, Psychosomatische Erkrankungen, Psychotherapie (3., völlig neu gestaltete Auflage) (S. 411-441). Berlin: Springer.

Gaßmann, R. (1994). Süchte in Deutschland. Neuere Entwicklungen aus sozialwissenschaftlicher Sicht. Sucht, 4, 281-283.

Gefahr aus dem Netz. Der Spiegel, Nr.27 (1. Juli 1996), S. 54.

Gmür, M. (1988). Die Glücksspielsucht – Ursachen, Verbreitung, Behandlung. Drogalkohol, 12, 75-88.

Greenberg, H. R. & Schmidt, R. (1990). Psychologie des Glücksspiels. In A. M. Freedman, H. I. Kaplan, B. J. Sadock & U. H. Peters (Hg.), Psychiatrie in Praxis und Klinik, Bd. 5. Psychiatrische Probleme der Gegenwart 1 (S. 418-430). Stuttgart: Thieme.

Greenson, R. R. (1947). On gambling. In J. Halliday & P. Fuller (Hg.), The psychology of gambling (S. 202-216). London: Allen Lane – A Division of Penguin Books Ltd.

– (1958). Über Deckabwehr, Deckhunger und Deckidentität. In ders. (1982) Psychoanalytische Erkundungen (S. 68-89). Stuttgart: Klett-Cotta.

Gross, W. (1990). Sucht ohne Drogen. Frankfurt am Main: Fischer Taschenbuch.

Haase, H. (1992). Der Spieler zwischen Wissenschaft und Propaganda. Düsseldorf: Livonia.

Habermas, T. & Müller, M. (1986). Das Bulimie-Syndrom: Krankheitsbild, Dynamik und Therapie. Der Nervenarzt, 57, 322-331.

Hand, I. (1986). Spielen – Glücksspielen – Krankhaftes Spielen (»Spielsucht«). In D. Korczak (Hg.), Die betäubte Gesellschaft (S. 76-98). Frankfurt am Main: Fischer Taschenbuch.
– & Kaunisto, E. (1984). Multimodale Verhaltenstherapie bei problematischem Verhalten in Glücksspielsituationen (»Spielsucht«). Suchtgefahren, 30, 1-11.
Hattingberg, H. v. (1914). Analerotik, Angstlust und Eigensinn. Internationale Zeitschrift für Ärztliche Psychoanalyse, 2, 244-258.
Haustein, J. & Schürgers, G. (1988). Therapie in der Gruppe mit Spielsüchtigen. Gruppenpsychotherapie und Gruppendynamik, 24, 271-280.
Heigl, F., Schultze-Dierbach, E. & Heigl-Evers, A. (1984). Die Bedeutung des psychoanalytisch-interaktionellen Prinzips für die Sozialisation von Suchtkranken. Gruppenpsychotherapie und Gruppendynamik, 20, 152-167.
Heigl-Evers, A. (1991). Therapeutisches Handeln bei Abhängigkeit und Sucht unter psychoanalytischem Aspekt. In P. Buchheim, M. Cierpka & T. Seifert (Hg.), Psychotherapie im Wandel. Abhängigkeit (S. 164-181). Berlin: Springer.
– & Heigl, F. (1983). Das interaktionelle Prinzip in der Einzel- und Gruppenpsychotherapie. Zeitschrift für psychosomatische Medizin, 29, 1-14.
– & Heigl, F. (1984). Was ist tiefenpsychologisch fundierte Psychotherapie? Praxis der Psychotherapie und Psychosomatik, 29, 234-244.
– & Heigl, F. (1994). Das Göttinger Modell der Anwendung der Psychoanalyse in Gruppen unter besonderer Berücksichtigung der psychoanalytisch-interaktionellen Methode. Gruppenpsychotherapie und Gruppendynamik, 30, 1-29.
– & Henneberg-Mönch, U. (1990). Die Bedeutung der Affekte für Diagnose, Prognose und Therapie. Psychotherapie, Psychosomatik, Medizinische Psychologie, 40, 39-47.
– & Nitzschke, B. (1994). Das analytische Prinzip »Deutung« und das interaktionelle Prinzip »Antwort«. In A. Heigl-Evers & J. Ott (Hg.), Die psychoanalytisch-interaktionelle Methode (S. 53-108). Göttingen: Vandenhoeck & Ruprecht.
– & Ott, J. (1994). Zur Einführung in die psychoanalytisch-interaktionelle Therapie. In dies. (Hg.), Die psychoanalytisch-inter-

aktionelle Methode (S. 9-31). Göttingen: Vandenhoeck & Ruprecht.
–, Rosin, U. & Heigl, F. (1994). Psychoanalytisch-interaktionelle Annäherung an Patienten mit strukturellen Störungen. In A. Heigl-Evers & J. Ott (Hg.), Die psychoanalytisch-interaktionelle Methode (S. 170-210). Göttingen: Vandenhoeck & Ruprecht.
– & Streeck, U. (1985). Psychoanalytisch-interaktionelle Therapie. Zeitschrift für Psychotherapie und medizinische Psychologie, 35, 176-182.
Hoffmann, S. O. & Hochapfel, G. (1991). Einführung in die Neurosenlehre und psychosomatische Medizin (4., erweiterte Auflage). Stuttgart: Schattauer.
Holder, A. (1982). Freuds Theorie des psychischen Apparates. In D. Eicke (Hg.), Tiefenpsychologie, Bd. 1. Sigmund Freud – Leben und Werk (Kindlers »Psychologie des 20. Jahrhunderts«) (S. 220-260). Weinheim: Beltz.
Hübner, W. (1989). Glücksspielsucht als Paradigma. Praxis der Psychotherapie und Psychosomatik, 34, 174-183.
Janssen, P. L. (1993). Psychoanalyse in der Klinik. In W. Mertens (Hg.), Schlüsselbegriffe der Psychoanalyse (S. 378-384). Stuttgart: Verlag Internationale Psychoanalyse.
Jellinek, E. M. (1960). The Disease Concept of Alcoholism. New Haven: Yale University Press.
Kellermann, B. (1987). Pathologisches Glücksspielen und Suchtkrankheit aus suchtpsychiatrisch-therapeutischer Sicht. Suchtgefahren, 33, 110-120.
– (1988). Glücksspieler in der stationären Therapie. In C. Wahl (Hg.), Spielsucht – Praktiker und Betroffene berichten über pathologisches Glücksspiel (S. 243-257). Hamburg: Neuland.
– (1996). Glücksspielsucht aus psychiatrischer Sicht. In A. Fett (Hg.), Glück – Spiel – Sucht: Konzepte und Behandlungsmethoden (S. 23-35). Freiburg im Breisgau: Lambertus.
Kernberg, O. F. (1981). Objektbeziehungen und Praxis der Psychoanalyse. Stuttgart: Klett-Cotta.
– (1988). Schwere Persönlichkeitsstörungen. Theorie, Diagnose, Behandlungsstrategien. Stuttgart: Klett-Cotta.
– (1990). Borderline-Störungen und pathologischer Narzißmus. Frankfurt am Main: Suhrkamp Taschenbuch.

Kielholz, P. & Ladewig, D. (1972). Die Drogenabhängigkeit des modernen Menschen. München: Lehmanns.

Kind, J. (1988). Selbstobjekt Automat. Zur Bedeutung der frühen Triangulierung für die Psychogenese der Spielsucht. Forum der Psychoanalyse, 4, 116-138.

Klepsch, R., Hand, I. & Wlazlo, Z. (1987). Langzeiteffekte multimodaler Verhaltenstherapie bei krankhaftem Glücksspielen I: Retrospektive Katamnese der Hamburger Pilotstudie. Suchtgefahren, 33, 137-147.

Klepsch, R., Hand, I., Wlazlo, Z., Friedrich, B., Fischer, M. & Bodek, B. (1989). Langzeiteffekte multimodaler Verhaltenstherapie bei krankhaftem Glücksspielen III: Zweite prospektive Katamnese der Hamburger Projektstudie. Suchtgefahren, 35, 35-49.

Kohut, H. (1966). Formungen und Umformungen des Narzißmus. Psyche, 20, 831-855.

– (1973). Narzißmus. Frankfurt am Main: Suhrkamp Taschenbuch.

– (1979). Die Heilung des Selbst. Frankfurt am Main: Suhrkamp.

– & Wolf, E. S. (1980). Die Störungen des Selbst und ihre Behandlung. In U. H. Peters (Hg.), Ergebnisse für die Medizin, Bd. 2. Psychiatrie (Band 10 der Reihe »Die Psychologie des 20. Jahrhunderts«) (S. 667-682). Zürich: Kindler.

Krause, R. (1983). Zur Onto- und Phylogenese des Affektsystems und ihrer Beziehungen zu psychischen Störungen. Psyche, 37, 1016-1043.

– (1988). Eine Taxonomie der Affekte und ihre Anwendung auf das Verständnis der »frühen Störungen«. Psychotherapie und medizinische Psychologie, 38, 77-86.

– (1990). Psychodynamik der Emotionsstörungen. In K. R. Scherer (Hg.), Psychologie der Emotion. Enzyklopädie der Psychologie, Bd. 3 (S. 630-705). Göttingen: Hogrefe.

Krebs, B. (1993). Eßstörungen. In Deutsche Hauptstelle gegen die Suchtgegefahren (Hg.), Jahrbuch Sucht 94 (S. 192-203). Geesthacht: Neuland.

Kröber, H. L. (1985). Pathologisches Glücksspielen: Definitionen, Erklärungsmodelle und forensische Aspekte. Der Nervenarzt, 56, 593-602.

– (1991). Automatenspieler und Roulettespieler. Psychiatrische

und kriminologische Differenzen. Der Nervenarzt, 62, 670-679.
- (1996). Die Differenzierung unterschiedlicher Störungsbilder bei pathologischen Glücksspielern als Grundlage gezielter Therapiestrategien. Sucht, 42, 399-409.
Krystal, H. & Raskin, H.A. (1983). Drogensucht. Aspekte der Ich-Funktion. Göttingen: Verlag für Medizinische Psychologie im Verlag Vandenhoeck & Ruprecht.
Küfner, H. (1981). Systemwissenschaftlich orientierte Überlegungen zu einer integrativen Alkoholismustheorie. Wiener Zeitschrift für Suchtforschung, 4, 3-16.
Lempke, G. (1990). Suchtkonzepte und ihre Auswirkungen auf den Umgang mit Abhängigkeitskranken. In D. R. Schwoon & M. Krausz (Hg.), Suchtkranke. Die ungeliebten Kinder der Psychiatrie (S. 16-24). Stuttgart: Enke.
Lichtenberg, J. D. (1987). Die Bedeutung der Säuglingsbeobachtung für die klinische Arbeit mit Erwachsenen. Zeitschrift für psychoanalytische Theorie und Praxis, 11, 123-147.
- (1990). Einige Parallelen zwischen den Ergebnissen der Säuglingsbeobachtung und klinischen Beobachtungen an Erwachsenen, besonders Borderline-Patienten und Patienten mit narzißtischer Persönlichkeitsstörung. Psyche, 44, 871-901.
- (1991). Psychoanalyse und Säuglingsforschung. Berlin: Springer.
Lindner, R. M. (1950). The psychodynamics of gambling. In J. Halliday & P. Fuller (Hg.), The psychology of gambling (S. 217-239). London: Allen Lane.
Lürßen, E. (1982). Das Suchtproblem in neuerer psychoanalytischer Sicht. In D. Eicke (Hg.), Tiefenpsychologie, Bd. 2. Neue Wege der Psychoanalyse (Kindlers »Psychologie des 20. Jahrhunderts«) (S. 101-130). Weinheim: Beltz.
Machlowitz, M. (1976). Workaholism. New York: Yale University Press.
Mahler, M. S. , Pine, F. & Bergmann, A. (1980). Die psychische Geburt des Menschen. Frankfurt am Main: Fischer Taschenbuch.
Marty, P. & M'Uzan, M. de (1963). La »pénsee opératoire«. Revue française de psychanalyse, 27, 345-356; Deutsch (1978): Das operative Denken. Psyche, 32, 974-984.

Matussek, P. (1953). Zur Psychodynamik des Glücksspielers. Jahrbuch für Psychologie und Psychotherapie, 2, 232-252.

Mentzel, G. (1979). Über die Arbeitssucht. Zeitschrift für psychosomatische Medizin und Psychoanalyse, 25, 115-127.

Mentzos, S. (1984). Neurotische Konfliktverarbeitung. Frankfurt am Main: Fischer Taschenbuch.

– (1992). Der Syndromwechsel und seine Bedeutung für die Psychosentheorie. In ders. (Hg.), Psychose und Konflikt (S. 127-140). Göttingen: Vandenhoeck & Ruprecht.

– (1993). Psychoanalytische Neurosenlehre. In W. Mertens (Hg.), Schlüsselbegriffe der Psychoanalyse (S. 225-232). Stuttgart: Verlag Internationale Psychoanalyse.

Mertens, W. (1988). Einige Anmerkungen zur gegenwärtigen Situation der Psychoanalyse in Theorie, Forschung und Praxis. In R. Klußmann, W. Mertens & F. Schwarz (Hg.), Aktuelle Themen der Psychoanalyse (S. 1-25). Berlin: Springer.

– (1990). Psychoanalyse (3., aktualisierte Aufl.). Stuttgart: Kohlhammer.

– (1992). Kompendium psychoanalytischer Grundbegriffe. München: Quintessenz.

Meyer, G. (1984a). Geldspielautomaten mit Gewinnmöglichkeit – Objekte pathologischen Glücksspiels. Bochum: Brockmeyer.

– (1984b). Pathologisches Glücksspiel. In Katholische Sozialethische Arbeitsstelle e. V. (Hg.), Sogenannte neue Süchte (Heft 4 der Schriftenreihe »Aktuelle Orientierungen: Suchtgefahren«) (S. 29-38). Hamm: Hoheneck.

– (1986). Abhängigkeit vom Glücksspiel. Zeitschrift für klinische Psychologie, Psychopathologie und Psychotherapie, 34, 140-156.

– (1989). Glücksspieler in Selbsthilfegruppen. Projektbericht über erste Ergebnisse einer empirischen Untersuchung. Hamburg: Neuland.

– (1991). Klassifikation von Glücksspielern aus Selbsthilfegruppen mittels Clusteranalyse. Zeitschrift für Klinische Psychologie, Psychopathologie und Psychotherapie, 39, 261-282.

– (1995). Glücksspiel. In Deutsche Hauptstelle gegen die Suchtgefahren (Hg.), Jahrbuch Sucht 96 (S. 191-202). Geesthacht: Neuland.

– (1997). Glücksspiel – Zahlen und Fakten. In Deutsche Hauptstelle gegen die Suchtgefahren (Hg.), Jahrbuch Sucht 98 (S. 89-102). Geesthacht: Neuland.

– & Bachmann, M. (1993). Glücksspiel. Wenn der Traum vom Glück zum Alptraum wird. Berlin: Springer.

Müller-Pozzi, H. (1985). Identifikation und Konflikt. Die Angst vor Liebesverlust und der Verzicht auf Individuation. Psyche, 39, 877-904.

Nemiah, J. C. & Sifneos, P. E. (1970). Affect and fantasy in patients with psychosomatic disorders. In O. W. Hill (Hg.), Modern trends in psychosomatic medicine II (S. 26-34). London: Butterworths.

Nitzschke, B. (1994). Die entwicklungsbedingt strukturelle Ich-Störung. Anmerkungen zum Begriff und zum Konzept. In A. Heigl-Evers & J. Ott (Hg.), Die psychoanalytisch-interaktionelle Methode (S. 35-52). Göttingen: Vandenhoeck & Ruprecht.

Norwood, R. (1988). Wenn Frauen zu sehr lieben. Reinbek: Rowohlt.

Petry, J. (1996). Psychotherapie der Glücksspielsucht: Inhalte und Methoden. In A. Fett (Hg.), Glück – Spiel – Sucht: Konzepte und Behandlungsmethoden (S. 36-54). Freiburg im Breisgau: Lambertus.

Radó, S. (1926). Die psychischen Wirkungen der Rauschgifte. Internationale Zeitschrift für Psychoanalyse, 12, 540-556.

– (1934). Psychoanalyse der Pharmakothymie. Internationale Zeitschrift für Psychoanalyse, 20, 16-32.

Rohde-Dachser, C. (1987). Ausformungen der ödipalen Dreieckskonstellation bei narzißtischen und bei Borderline-Störungen. Psyche, 41, 773-799.

– (1989). Das Borderline-Syndrom (4., ergänzte Auflage). Bern: Huber.

Rost, W.-D. (1986a). Konzeption einer psychodynamischen Diagnose und Therapie der Alkoholabhängigkeit. Suchtgefahren, 32, 221-233.

– (1986b). Psychoanalytische Modellvorstellungen zur Theorie des Alkoholismus. Psyche, 40, 289-309.

– (1990). Suchtpersönlichkeit aus psychoanalytischer Sicht am Beispiel von Bulimie und Spielsucht. In W. Gross, Sucht ohne Drogen (S. 202-214). Frankfurt am Main: Fischer Taschenbuch.

- (1992). Psychoanalyse des Alkoholismus. Stuttgart: Klett-Cotta.
- (1996). Gesellschaftliche Faktoren in der Glücksspielsucht bei Männern. In A. Fett (Hg.), Glück - Spiel - Sucht: Konzepte und Behandlungsmethoden (S. 55-64). Freiburg im Breisgau: Lambertus.

Sandler, J. (1982). Unbewußte Wünsche und menschliche Beziehungen. Psyche, 36, 59-74.

Saß, H. & Wiegand, C. (1990). Exzessives Glücksspielen als Krankheit? Kritische Bemerkungen zur Inflation der Süchte. Der Nervenarzt, 61, 435-437.

Schaef, A. W. (1989). Im Zeitalter der Sucht. Hamburg: Hoffmann & Campe.

Scheidt, J. v. (1976). Der falsche Weg zum Selbst. Studien zur Drogenkarriere. München: Kindler.

Schindler, C. & Körkel, J. (1995). Rückfallbezogene Attributionen, Emotionen und Kompetenzerwartungen. Eine empirische Prüfung sozial-kognitiver Theorieannahmen. In J. Körkel, G. Lauer & R. Scheller (Hg.), Sucht und Rückfall. Brennpunkte deutscher Rückfallforschung (S. 61-79). Stuttgart: Enke.

Schöpf, A. (1993). Das Unbewußte. In W. Mertens (Hg.), Schlüsselbegriffe der Psychoanalyse (S. 151-159). Stuttgart: Verlag Internationale Psychoanalyse.

Schore, A. N. (1991). Early superego development. The emergence of shame and narcissistic affect regulation in the practicing period. Psychoanalysis and Contemporary Thought, 14, 187-250.

Schürgers, G. & Haustein, J. (1988). Zum Phänomen des exzessiven Spiels an Geldspielautomaten. In Niedersächsische Landesstelle gegen die Suchtgefahren (Hg.), Jugend und Süchte (Berichtsband der Fachtagung der NLS 1987 in Hannover) (S. 182-195). Hamburg: Neuland.

Schüßler, G. & Bertl-Schüßler, A. (1989). Psychoanalytische Theorien der frühen Kindheit und Ergebnisse der Verhaltensforschung: Ist eine Revision notwendig? Praxis der Psychotherapie und Psychosomatik, 34, 270-281.
- (1992). Neue Ansätze zur Revision der psychoanalytischen Entwicklungstheorie II. Das Konzept von J. D. Lichtenberg und Grundsätze einer neuen psychoanalytischen Entwick-

lungstheorie. Zeitschrift für psychosomatische Medizin, 38, 101-114.
Schütte, F. (1985). Glücksspiel und Narzißmus. Bochum: Brockmeyer.
– (1987). »Spielsucht« und Narzißmus. Suchtgefahren, 33, 126-136.
Schulte, M. J. & Böhme-Bloem, C. (1991). Bulimie. Entwicklungsgeschichte und Therapie aus psychoanalytischer Sicht. Stuttgart: Thieme.
Schulte-Brandt, W. (1989). Stationäre Behandlung von Glücksspielsüchtigen – Eine Kurzdarstellung. In J. Brakhoff (Hg.), Glück – Spiel – Sucht. Beratung und Behandlung von Glücksspielern (S. 45-51). Freiburg im Breisgau: Lambertus.
Schumacher, W. (1986). Untersuchungen zur Psychodynamik des abhängigen Spielverhaltens. In W. Feuerlein (Hg.), Theorie der Sucht. 6. Wissenschaftliches Symposium der DHS in Tutzing (S. 165-179). Berlin: Springer.
Schur, M. (1955). Comments on the metapsychology of somatization. Psychoanalytic Study of the Child, 10, 119-164.
Simmel, E. (1920). Zur Psychoanalyse des Spielers. Internationale Zeitschrift für Psychoanalyse, 6, 397.
Simon, F. B. (1980). Glücksspiel als narzißtische Restitution. Materialien Psychoanalyse, 6, 25-46.
Simon, R. & Lehnitzk-Keiler, C. (1995). Jahresstatistik der professionellen Suchtkrankenhilfe. In Deutsche Hauptstelle gegen die Suchtgefahren (Hg.), Jahrbuch Sucht 96 (S. 231-244). Geesthacht: Neuland.
Stern, D. N. (1992). Die Lebenserfahrung des Säuglings. Stuttgart: Klett-Cotta.
Stolze, H. (1982). Ödipale Situation – Ödipaler Konflikt – Ödipuskomplex. In D. Eicke (Hg.), Tiefenpsycholoqie, Bd. 1. Sigmund Freud – Leben und Werk (Kindlers »Psychologie des 20. Jahrhunderts«) (S. 610-616). Weinheim: Beltz.
Stork, J. (1986). Die Ergebnisse der Verhaltensforschung im psychoanalytischen Verständnis. In ders. (Hg.), Zur Psychologie und Psychopathologie des Säuglings – Neue Ergebnisse in der psychoanalytischen Reflexion (S. 9-52). Stuttgart: Frommann-Holzboog.
Streeck, U. (1983). Abweichungen vom »fiktiven Normal-Ich«:

Zum Dilemma der Diagnostik struktureller Ich-Störungen. Zeitschrift für psychosomatische Medizin, 29, 334-349.
Thamm, B. G. (1987). Wie neu sind die »neuen Süchte«? In Katholische Sozialethische Arbeitsstelle e. V. (Hg.), »Neue Süchte« in der Diskussion (Heft 13 der Schriftenreihe: »Aktuelle Orientierungen: Suchtgefahren«) (S. 7-23). Hamm: Hoheneck.
Thomas, G. J. (1989). Basiskonzepte in der Arbeit mit Spielern. Medizin, Mensch, Gesellschaft, 14, 150-161.
Törne, I. v. & Konstanty, R. (1989). Spielverhalten und Störungsbilder bei Spielern an Geldspielautomaten. Suchtgefahren, 35, 14-34.
Videogames – Besser als Fernsehen. Schon Millionen Deutsche süchtig. Auch Sie sind bald dran! Focus, Nr. 47 (22. November 1993), Titelblatt.
Volkan, U. D. & Ast, G. (1994). Spektrum des Narzißmus. Göttingen: Vandenhoeck und Ruprecht.
Windgassen, K. & Leygraf, N. (1988). Psychodynamische Aspekte der Glücksspielabhängigkeit. Praxis der Psychotherapie und Psychosomatik, 33, 42-50.
Winn, M. (1979). Die Droge im Wohnzimmer. Reinbek: Rowohlt.
Winnicott, D. W. (1958). Die Fähigkeit zum Alleinsein. In ders. (1984), Reifungsprozesse und fördernde Umwelt (S. 36-46). Frankfurt am Main: Fischer Taschenbuch.
– (1960). Ich-Verzerrung in Form des wahren und des falschen Selbst. In ders. (1984), Reifungsprozesse und fördernde Umwelt (S. 182-199). Frankfurt am Main: Fischer Taschenbuch.
Wittchen, H.-U., Saß, H., Zaudig, M. & Koehler, K. (1991). Diagnostisches und Statistisches Manual Psychischer Störungen: DSM-III-R (3., korrigierte Auflage). Weinheim: Beltz.
Wlazlo, Z., Hand, I., Klepsch, R., Fischer, M. & Friedrich, B. (1987). Langzeiteffekte multimodaler Verhaltenstherapie bei krankhaftem Glücksspielen II: Prospektive Katamnese der Hamburger Projektstudie. Suchtgefahren, 33, 148-160.
Wurmser, L. (1983). Drogengebrauch als Abwehrmechanismus. In D. J. Lettieri & R. Welz (Hg.), Drogenabhängigkeit – Ursachen und Verlaufsformen (S. 84-86). Weinheim: Beltz.
– (1987). Flucht vor dem Gewissen. Analyse von Über-Ich und Abwehr bei schweren Neurosen. Berlin: Springer.

- (1991). Der goldleuchtende Dolch. Masochistische Übertragung, Über-Ich-Übertragung und Gegenübertragung. Forum der Psychoanalyse, 7, 1-19.
- (1994). Zur Psychoanalyse schwerer psychischer Erkrankungen. Forum der Psychoanalyse, 10, 1-12.

Zeiler, J. (1987). Ansätze zu einem integrativen Modell der Sucht: Zur Verschränkung von Charakterpathologie und süchtiger Symptomatik. Zeitschrift für Psychotherapie und medizinische Psychologie, 37, 105-110.